PETITS CLASSIQUES

LAROUSSE

Collection fondée par Félix

W9-AGB-695

Le Voyage
de Monsieur Perrichon

EUGÈNE LABICHE

comédie

Édition présentée,
annotée et commentée
par
Yann LE LAY
Certifié de Lettres classiques

www.petitsclassiques.com

SOMMAIRE

Avant d'aborder le texte

Le Voyage de Monsieur Perrichon
EUGÈNE LABICHE

Comment lire l'œuvre

Avant d'aborder le texte

Le Voyage de Monsieur Perrichon

Genre : comédie en prose.

Auteur : Eugène Labiche, 1815-1888, avec la collaboration d'Édouard Martin.

Structure : 4 actes, comprenant chacun de 9 à 13 scènes, et dont l'action se déroule à chaque fois dans des lieux différents (acte I : la gare de Lyon, à Paris ; acte II : une auberge près de Chamonix ; acte III : l'appartement parisien des Perrichon ; acte IV : un jardin).

Principaux personnages : Monsieur Perrichon, un ex-carrossier prospère ; son épouse Madame Perrichon ; sa fille Henriette ; Armand Desroches et Daniel Savary, jeunes gens aisés ; Majorin, un ami de Perrichon à la situation matérielle beaucoup moins florissante ; le commandant Mathieu, un militaire de carrière inconnu des Perrichon.

Sujet : Monsieur Perrichon, pour fêter son retrait des affaires, offre à sa femme et à sa fille une excursion en Suisse ; la famille se prépare à prendre le train à la gare de Lyon où deux amis, Armand et Daniel, découvrent qu'ils sont là dans la même intention : suivre les Perrichon dans leur voyage et tâcher d'obtenir la main d'Henriette. Ils conviennent que la lutte sera loyale. L'un des deux l'emportera, à la suite de multiples rebondissements. Est-ce Daniel, qui sait flatter le caractère du carrossier, ou Armand, qui rend à Perrichon de signalés services, et lui évite même un duel avec le commandant ?

Thèmes principaux : l'amour, l'ingratitude, la vanité et l'amour-propre, la vie des bourgeois sous le second Empire.

Première représentation : le 10 septembre 1860 au théâtre du Gymnase, à Paris.

EUGÈNE LABICHE
(1815-1888)

Un jeune homme de bonne famille

1815

Naissance à Paris, le 6 mai, d'Eugène, Marin Labiche, dans une famille de riches bourgeois d'origine beauceronne. Son grand-père exerçait le métier de notaire, son père exploite à Rueil, près de la capitale, une fabrique de « sirop et glucose de fécule ».

1826

Entrée au collège Bourbon (l'actuel lycée Condorcet à Paris). Esprit concret, il ne voue pas à la culture gréco-latine une grande admiration mais son excellente mémoire supplée son manque de zèle pour les études et il sera brillamment reçu bachelier ès lettres en 1833. Heureux caractère, prompt à rire de tout, ce grand gaillard d'un mètre quatre-vingts affectionne en revanche les exercices physiques et en particulier la natation. Malheureusement, il perd sa mère juste avant d'obtenir son baccalauréat.

1834

Entre janvier et juillet, Eugène effectue un voyage avec d'anciens condisciples et parcourt l'Italie et la Sicile et, vingt-cinq ans avant son personnage Perrichon, découvre la Suisse où il retournera en voyage de noces. En septembre, il s'inscrit à l'école de Droit et poursuivra ses études jusqu'à la licence, tout en jouissant d'une grande autonomie. Cependant, ses goûts l'attirent plutôt vers la littérature.

De succès en succès

1834-1836

Labiche collabore sous forme d'articles et de récits à différentes revues littéraires : *Chérubin*, la *Revue de France* puis la *Revue du théâtre* à laquelle il livre une chronique régulière. Puis il entame l'écriture d'un roman partiellement autobiographique, *La Clef des champs* (qui paraîtra en 1839 sans susciter d'écho). Parallèlement, son père lui verse une rente et Labiche a l'avantage de vivre seul dans un appartement parisien, rue du Mail.

1837-1840

Contribution à un feuilleton collectif, *Le Bec dans l'eau*, écrit avec Auguste Lefranc et Marc-Michel ; Labiche fonde avec les mêmes collaborateurs une « usine dramatique », véritable entreprise commerciale puisque les trois hommes s'engagent à travailler exclusivement ensemble pendant dix ans. Leur seconde comédie, *Monsieur de Coyllin ou L'Homme infiniment poli* (1838), signée collectivement du pseudonyme de Paul Dandré, est facilement accueillie au théâtre du Palais-Royal, spécialisé dans les vaudevilles (voir page 16). Néanmoins, cette collaboration prendra fin en 1840 au bout de cinq créations. Labiche reprend sa liberté et entame vraiment sa carrière de dramaturge : il écrira en tout 174 pièces, seul ou en collaboration avec différents associés, dont souvent ceux du début, auxquels il faut ajouter les noms d'Alfred Delacour et Édouard Martin.

1842-1843

À 28 ans, après plusieurs liaisons, il épouse le 25 avril 1842 Adèle Hubert, de dix ans sa cadette, qui lui apporte 150 000 F de dot (somme à multiplier par 20 environ pour la convertir en francs actuels). Condition mise au mariage par le père, riche châtelain briard : que Labiche renonce à la carrière théâtrale (le milieu a alors mauvaise réputation chez les gens « rangés »). Il se soumet pendant un an à cette injonction et voyage avec sa femme qu'il adore (Italie, Autriche, Bavière). Puis, sur les conseils d'Adèle, Labiche reprend la plume (*L'Homme de paille*, mai 1843).

1844

Première pièce importante : *Le Major Cravachon*, où l'auteur règle quelques comptes avec... les beaux-pères. Jusqu'en 1847, il fait représenter 12 autres pièces (presque toutes écrites en collaboration avec Auguste Lefranc).

Aux côtés des bourgeois plutôt que du peuple

1848-1849

En avril 1848, Labiche se présente à Marly-le-Roi (en Seine-et-Oise, le département de son enfance) aux élections des députés à l'Assemblée constituante de la jeune IIe République, dont il est un partisan modéré. Il est battu : ses tièdes convictions n'y résistent pas. À la réflexion, il se découvre plutôt défenseur des propriétaires et assassine les républicains dans des pièces médiocres : *Le Club champenois* (juin 1848) et surtout *Rue de l'homme armé, n° 8 bis* (septembre 1849), dont les outrances, qu'il faudra censurer en partie, suscitent l'hostilité du public et l'embarras du gouvernement Cavaignac, qui est pourtant l'artisan du retour à l'ordre après l'insurrection ouvrière de juin 1848.

1850

Création de plusieurs pièces particulièrement réussies, parmi lesquelles *Embrassons-nous, Folleville* (mars), *Un garçon de chez Véry* (mai), *La Fille bien gardée* (septembre).

1851

Août : *Un chapeau de paille d'Italie*, un succès majeur. Le 2 décembre, Labiche approuve le coup d'État de Louis-Napoléon Bonaparte, qui devient l'empereur Napoléon III. Quatre pièces de Labiche seront représentées au château de Compiègne devant l'Empereur et la cour.

1852

11 pièces de Labiche sont créées dans l'année, dont 7 au Palais-Royal comme *Maman Sabouleux* (mars), *Edgar et sa bonne* (octobre), *Mon Isménie* (décembre).

Propriétaire terrien

1853-1855

Depuis quelques années, habiter Paris pèse à Labiche. Il séjourne le plus souvent possible dans la maison de son père à Rueil, ou dans le château de son beau-père, en Brie. Devenu riche, il s'offre en juillet 1853 le château de Launoy, en Sologne, à Souvigny (Loir-et-Cher), avec 500 hectares de terre, propriété qu'il exploitera et dont il doublera la superficie, tout en continuant sa production dramatique. En 1854, il avoue rêver d'être joué à la Comédie-Française et envisage de se consacrer à une forme de théâtre plus aboutie que le vaudeville.

1856-1859

Naissance le 13 mars 1856 d'un fils unique, André. Celui-ci donnera bien des satisfactions à ses parents et deviendra conseiller d'État. Labiche est élu vice-président de la Société des auteurs et compositeurs dramatiques (il le sera de nouveau à plusieurs reprises, jusqu'en 1877). Production dramatique toujours soutenue, malgré l'échec du *Grain de café* (1858) ; en revanche, deux de ses pièces sont reprises devant l'empereur à Compiègne : *Un gendre en surveillance*, en novembre 1858, et *Le Baron de Fourchevif*, un an plus tard, œuvre qui peut être considérée comme sa première vraie comédie.

À la conquête de la Comédie-Française

1860

Création le 10 septembre au théâtre du Gymnase du *Voyage de Monsieur Perrichon*. Labiche invite Thierry, l'administrateur de la Comédie-Française, à assister à la première, et aimerait que la pièce fasse partie du répertoire de la grande maison (mais elle n'y entrera pas de son vivant).

1861

Août : Labiche est fait chevalier de la Légion d'honneur.

1862-1864

Avec Édouard Martin, son collaborateur pour *Le Voyage de Monsieur Perrichon*, Labiche travaille à une comédie qu'il veut proposer au Théâtre-Français ; le manuscrit de *Moi !* est d'abord refusé par Thierry, et Labiche consacre presque exclusivement l'année 1863 à le retravailler. Après plusieurs modifications, la pièce est enfin créée à la Comédie-Française en mars 1864. Cette année-là, le père de Labiche disparaît. Le 4 décembre, la pièce *Le Point de Mire* représentée à Compiègne lui vaut de dîner à la table de l'Empereur.

Semi-retraite en province

1865-1869

En juillet 1865, Labiche est élu conseiller municipal de Souvigny ; il y fait de fréquents séjours et en devient maire en 1868. Jusqu'en 1869, des rhumatismes le font souffrir et le rythme de ses créations se ralentit (*La Grammaire*, 1867) ; il voit d'ailleurs disparaître ses collaborateurs Édouard Martin (1866) et Marc-Michel (1868).

1870-1871

À la suite de l'invasion prussienne, Labiche se retire complètement dans son domaine solognot. Il fait preuve d'héroïsme devant l'occupant à la fin de 1870. La Commune de Paris (mars-mai 1871) suscite la plus radicale hostilité d'un Labiche devenu assez conservateur pour espérer qu'après cette expérience la France sera guérie « à tout jamais de sa tendresse stérile pour le prolétariat ».

1872

Seulement 3 pièces sont créées cette année-là (dont *Doit-on le dire ?* qui remporte un grand succès). Labiche se partage entre Souvigny, Paris et différents lieux de villégiature.

1873

Les valeurs démocratiques de la IIIᵉ République éveillent beaucoup de méfiance chez Labiche : « Si l'on ne met pas résolument un cens [obligation de payer un certain impôt pour être électeur] pour écarter toute la fripouille du scrutin, nous continuerons à marcher vers les abîmes », écrit-il.

1874-1877

12 pièces créées, dont *Les Trente Millions de Gladiator* (1875), *Le Prix Martin* (1876) et surtout *La Cigale chez les fourmis*, à la Comédie-Française (mai 1876) ; mais Labiche, qui souffre d'ennuis de santé (coliques néphrétiques, rhumatismes, une crise de goutte) s'éloigne de plus en plus de Paris et envisage fermement d'arrêter l'écriture dramatique. Réélu maire de Souvigny en octobre 1876, il démissionnera l'année suivante, au vu des résultats de l'élection législative.

Préparer la postérité

1878-1879

Labiche fait paraître une première série de 57 pièces destinée à constituer son *Théâtre complet*. Grand succès de librairie, mais il n'y aura pas de seconde série, les pièces restantes n'étant pas les meilleures. Parallèlement, il pose sa candidature à l'Académie française.

1880

Élection de Labiche à l'Académie française.

1881-1887

Gros ennuis de santé, avec des rémissions. Naissance de deux petits-fils (1883 et 1884), mais son fils se retrouve veuf en 1885.

1888

Mort d'Eugène Labiche, muni des secours d'une religion à laquelle il adhérait assez mollement : « On est athée quand on se porte bien, mais vienne la maladie : on s'empresse de tendre le bec au Bon Dieu. Il vaut mieux commencer tout de suite par là », disait-il en 1881.

Le cadre historique et social : le second Empire, paternalisme, autoritarisme et prospérité

En 1860, quand Labiche crée *Perrichon*, Louis Napoléon Bonaparte a encore dix ans de règne devant lui, et il exerce le pouvoir depuis douze ans : élu en juin 1848 président de la République, assuré de le rester longtemps après son coup d'État du 2 décembre 1851, il est devenu depuis le 2 décembre 1852 empereur des Français sous le nom de Napoléon III. À plusieurs reprises, les Français l'ont massivement plébiscité, voyant d'abord en lui le dépositaire de la légende napoléonienne (c'est le neveu de Napoléon Ier) et peut-être le théoricien soucieux d'améliorer la condition du peuple par un généreux paternalisme (*L'Extinction du paupérisme*, 1846), mais surtout le représentant du parti de l'Ordre, qui les protègera autoritairement contre les « rouges » et rendra impossible le retour d'une révolution ouvrière (« Il est temps que les bons se rassurent et que les méchants tremblent », disait-il en août 1849).

Autoritaire, le régime l'est assurément : le Corps législatif, voué au système des candidatures officielles, n'a que le pouvoir de voter les lois présentées par l'Empereur ; celui-ci, d'autre part, nomme lui-même une partie des sénateurs, les fonctionnaires doivent lui prêter serment, la presse est contrôlée, et les réunions publiques soumises à autorisation préalable ; une loi de sûreté générale a été promulguée en 1858 après l'attentat perpétré par Orsini contre Napoléon III. Dans ces conditions, le régime impérial peine à obtenir la caution morale des intellectuels, dont il entrave la liberté d'expression ; Victor Hugo, parti en exil dès l'annonce du coup d'État, se révélera un opposant impitoyable. Et ce n'est pas des peintres refusés au Salon officiel qu'il faut attendre un soutien sans faille…

Cependant, l'Empereur bénéficie de l'approbation de la bourgeoisie. La grande bourgeoisie a, depuis le début du siècle, conquis un pouvoir économique croissant, qu'elle cumule depuis 1830 avec le pouvoir politique tenu naguère par l'aristocratie, avec laquelle elle tend à fusionner par des mariages. En fait, cette classe montante ne constitue pas un ensemble homogène ; à côté de ceux dont les affaires et le patrimoine se transmettent de père en fils depuis plusieurs générations, sont apparus de « nouveaux riches » ou « parvenus », auxquels le régime de Napoléon III a permis de faire rapidement fortune grâce à la Bourse (les sociétés par actions évoquées dans la pièce), la spéculation immobilière, ou des opérations hardies comme le lancement de lignes de chemins de fer ou l'ouverture de grands magasins. Ces capitalistes de fraîche date, au train de vie ostentatoire, contribuent à la mauvaise réputation du Paris du second Empire, souvent dépeint comme une ville où ne comptent que l'argent et le plaisir et où triomphe la facilité culturelle si bien symbolisée par les opérettes d'Offenbach ou par le Salon officiel des peintres (voir acte III, scène 8).

Le personnage de Perrichon, avec ses revenus annuels de 40 000 F (à multiplier par 20 pour obtenir l'équivalent actuel), pourrait presque prétendre appartenir à cette grande bourgeoisie dans laquelle se côtoient industriels, banquiers (par exemple, la dynastie des Périer) et hauts fonctionnaires. Cependant, par son mode de vie, il symbolise plutôt le « bon bourgeois » aisé et assez éduqué, qui vit confortablement, mais loin des excès, au sein d'une cellule familiale réduite et unie, à l'abri des soucis matériels et des tâches ingrates (celles-ci sont assurées par un domestique).

Plus bas dans la hiérarchie, les petits-bourgeois sont un peu les oubliés du second Empire ; peu instruits, ils se contentent de tâches modestes (le personnage de l'employé de bureau sera en littérature un inépuisable sujet de moqueries) mais vif est leur désir d'ascension sociale (ainsi, on apprend à l'acte I que Majorin, comme tout un chacun, détient des actions en bourse malgré ses 2 400 F de revenus annuels). Ils devront attendre encore une vingtaine d'années pour que la IIIe République leur offre enfin la promotion espérée.

Eugène Labiche n'est pas très différent de ses contemporains : né et marié dans la bourgeoisie, n'ayant jamais manqué d'argent, il n'a été que très brièvement séduit par la générosité de la Révolution de 1848 ; il ne tarde pas à soutenir, sans état d'âme, un régime qui protège les propriétaires et les gens d'argent (homme d'affaires avisé, il possède d'ailleurs des immeubles de rapport).

Le cadre culturel et littéraire :
le théâtre, une industrie qui rapporte

Labiche et son siècle

Différant profondément en cela d'un Hugo, d'un Baudelaire ou même d'un Flaubert, Labiche, en effet, n'est pas l'écrivain hors normes, visionnaire ou « maudit » qui mettrait sa plume au service de ses idéaux ou de sa révolte contre l'ordre établi. Il ne doit pas son succès à un souffle épique ou à un grand dessein créateur, pas plus qu'il ne prétend être, comme Hugo, l'« écho sonore » de son époque. S'il a décidé à 19 ans, comme tant d'autres, de s'essayer à la littérature, c'est un peu par plaisir, un peu pour arrondir ses revenus, tout en faisant avec désinvolture son droit pour assurer l'avenir. Et voilà que rapidement il connaît un succès qui ne se démentira plus pendant 35 ans…

Car c'est un homme de métier. Bon vivant, joyeux drille à l'occasion, Labiche sait exploiter pour son théâtre sa capacité à sourire de ses semblables : « Je suis un rieur, écrit-il en 1878 à Émile Zola. Quelques-uns voient triste, moi je vois gai, ce n'est pas ma faute, j'ai l'œil fait comme ça […]. J'ai beau faire, je ne peux pas prendre l'homme au sérieux ; il me semble n'avoir été créé que pour amuser ceux qui le regardent d'une certaine façon. » Et, deux ans plus tard, il déclare dans son discours de réception à l'Académie française : « Ma bien petite muse, c'est la bonne humeur. » Cette bonne humeur, il l'exercera dans pas moins de 174 pièces dont 165 nous sont parvenues, 9 étant perdues.

L'âge d'or du vaudeville

L'abondance de cette œuvre nous étonne, même si elle est loin d'être exceptionnelle à l'époque. Les auteurs dramatiques s'emploient à satisfaire un public mélangé, habitué, du moins dans les grandes villes, à se rendre souvent au théâtre : comme de nos jours celui du cinéma, ce public exige donc un renouvellement fréquent des spectacles. On désire avant tout se divertir et oublier les événements tragiques (guerres, révolutions, restaurations) qui ont marqué la première moitié du XIXᵉ siècle. Dans les années 1830, le théâtre romantique a été pour un temps de nature à séduire un public jeune et lettré. Mais le goût du spectateur ordinaire se porte ailleurs, et en particulier sur le mélodrame, un théâtre aux intrigues (voir page 235) à sensations et aux personnages stéréotypés parmi lesquels on distingue sans difficultés les bons des méchants, et dont le maître incontesté est René Charles Guilbert de Pixérécourt (1773-1844). Les salles spécialisées sont presque toutes situées boulevard du Temple – il sera démoli par Haussmann – surnommé pour cette raison « boulevard du crime ».

Si Labiche n'a jamais écrit de mélodrame, il a en revanche produit nombre de vaudevilles. Le vaudeville est le genre dramatique le plus fécond et le plus populaire du XIXᵉ siècle. L'origine s'en trouverait dans les couplets moqueurs écrits au XVᵉ siècle contre les Anglais par un Normand de la vallée de la Vire, Olivier Basselin, d'où l'emploi du nom de « vau de vire » pour toute chanson satirique de circonstance. Au XVIIᵉ siècle apparaissent les pièces à vaudevilles, farces mêlées de musique et de ballets jouées sur les foires parisiennes. Le mot « vaudeville » en vient à désigner une comédie légère où s'intercalent des airs connus sur lesquels on greffe des paroles inédites. Il ne s'agit pas comme dans la comédie traditionnelle de faire réfléchir le spectateur sur les défauts humains, mais de ficeler une « pièce bien faite » où s'enchaînent quiproquos, confusions et situations embarrassantes sur les thèmes immuables du mariage ou de l'argent, l'art étant de dénouer in extremis une intrigue que l'on a embrouillée à plaisir... Mais ce théâtre finit par souffrir d'une production où la quantité – que l'on songe aux 400 œuvres d'Eugène Scribe (1791-1861) – l'emporte sur la qualité, de la reprise inlassable des mêmes schémas et du manque d'épaisseur des personnages. Labiche, et c'est là sa force, va renouveler le genre, finissant même par en chasser les couplets d'origine.

À côté du vaudeville, il y a évidemment toujours place, surtout après l'extinction du drame romantique, pour une comédie sérieuse, représentée par Émile Augier ou Alexandre Dumas fils, plus célèbre cependant pour sa *Dame aux camélias*, tirée en 1852 du roman du même nom, que pour ses pièces à visée morale.

Un divertissement ouvert à presque tous

À Paris, les théâtres se situent, à l'exception de l'Odéon, sur la rive droite de la Seine. Les grandes salles adoptent la disposition dite « à l'italienne », où les loges et les balcons, disposés en demi-cercle, dominent un « parterre » où l'on reste généralement debout. Outre leur inconfort (espace limité, visibilité imparfaite), les lieux se signalent par leur insécurité : on ne compte plus le nombre des incendies, dus à l'emploi généreux de matériaux inflammables dans la décoration. Mais l'éclairage a fait des progrès, grâce à l'utilisation de rampes à gaz devant la scène et même, exceptionnellement, de l'électricité. Dans la salle qui reste éclairée pendant la représentation, le silence ne se fait vraiment qu'au moment des passages les plus attendus. Il est d'autre part habituel pour un gérant de théâtre, surtout quand il craint le « four » (l'échec complet), de payer des « claqueurs » dont les applaudissements relaieront l'enthousiasme défaillant de l'assistance.

Les spectacles commencent en fin d'après-midi, et il est rare que l'affiche ne comporte qu'un titre : les petites salles de vaudeville, qui ne font relâche que pendant les périodes de répétitions, donnent généralement à la suite quatre ou cinq pièces en un acte, avec de longs entractes. Les prix pratiqués sont raisonnables et s'échelonnent, selon les établissements et le confort des places, de 0,50 F à 10 F (soit 10 à 200 F actuels). Si l'employé modeste s'achète une place au « para-

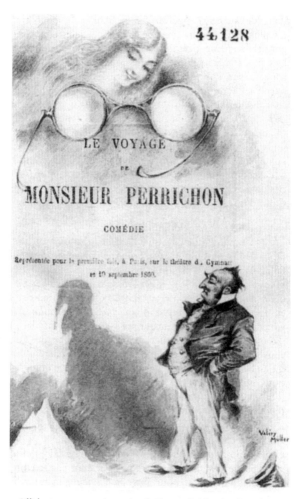

44128

LE VOYAGE
DE
MONSIEUR PERRICHON
COMÉDIE

Représentée pour la première fois, à Paris, sur le théâtre d. Gymnase
le 10 septembre 1860.

Affiche pour une représentation du Voyage de Monsieur Perrichon.
Aquarelles de Valéry Müller.
Bibliothèque de l'Arsenal, Paris.

dis » (ce que nous appelons le « poulailler »), les spectateurs les plus aisés louent une loge à l'année. Les employés des grands magasins logés sur leur lieu de travail bénéficient une fois par semaine d'une permission de théâtre. On choisit souvent son spectacle en fonction des acteurs à l'affiche ; parmi les interprètes qui ont marqué leur époque, on peut citer Frédérick Lemaître (1800-1876) dans le domaine du mélodrame, et pour le vaudeville Étienne Arnal (1794-1872) et surtout Virginie Déjazet (1798-1875). Ces acteurs sont moins soumis qu'aujourd'hui aux exigences du metteur en scène, et Labiche, qui suivait les répétitions, les trouvait difficiles à discipliner. Il tient d'ailleurs souvent compte de leurs tics dès la conception de la pièce, dont la distribution (répartition des rôles) est alors préétablie.

Le texte dans l'œuvre de Labiche

C'est avec le vaudeville que Labiche triomphe au théâtre. Dès 1844, *Le Major Cravachon* fait date, bien accueilli au Palais-Royal avant le succès dans la même salle d'*Un jeune homme pressé* (1840), d'*Embrassons-nous, Folleville* puis d'*Un garçon de chez Véry* (1850). Le vrai tournant se situe en 1851 avec le triomphe d'*Un chapeau de paille d'Italie*, vaudeville échevelé qui inspirera à René Clair un des chefs-d'œuvre du cinéma muet (1928). Le secret de Labiche consiste à oser le saugrenu, la bouffonnerie, à pousser jusqu'au bout la caricature, l'absurdité du langage ou des situations, sans négliger les formes traditionnelles du comique (voir page 233) : il possède un art consommé du comique de répétition et des jeux avec les apartés.

Un rêve : être joué au Théâtre-Français

Cependant, à tort ou à raison, Labiche vise à faire définitivement partie des auteurs reconnus et ne veut pas se contenter des pièces légères qui, pourtant, conviennent à sa nature et ont assuré son succès. La consécration à laquelle en 1854 il avoue aspirer serait de voir une de ses œuvres à l'affiche de la Comédie-Française. Cette prestigieuse institution nationale est alors presque deux fois centenaire ; créée en 1680, sous Louis XIV, elle a assez tôt joué le rôle d'un conservatoire du patrimoine théâtral, ce qui ne l'empêche pas d'être ouverte aux créations du moment. Le Théâtre-Français, dont la salle à partir de 1799 est située au Palais-Royal, s'est doté en 1833 d'un directeur, appelé « administrateur » depuis 1847 ; au temps de Labiche, c'est Thierry qui occupe cette fonction. Pour lui plaire, pour passer avec succès l'épreuve du « comité de lecture », jury austère constitué de dix « sociétaires » (acteurs attachés à vie à la maison), Labiche sait qu'il lui faut concevoir des comédies plus « sérieuses ».

C'est en 1859 qu'il crée *Le Baron de Fourchevif* qui est réellement une comédie, à la différence de nombre de pièces antérieures pourtant présentées comme telles à l'affiche. Si *Perrichon*, l'année suivante, apparaît comme la plus réussie puisqu'elle n'a renoncé ni à la fantaisie ni au rythme rapide du vaudeville, c'est *Moi !* (1864) qui fera enfin entrer Labiche au répertoire de l'illustre maison ; il ne s'agit pas là de sa meilleure pièce, mais il continuera heureusement à écrire d'excellents vaudevilles comme *La Station Champbaudet* (1862), *La Cagnotte* (1864) ou *La Grammaire* (1867). *Le Voyage de Monsieur Perrichon* est accepté en principe au Théâtre-Français dès 1873, mais Labiche n'y verra pas la pièce de son vivant, car elle n'entrera finalement au répertoire qu'en 1906.

VIE	ŒUVRES
1815 Naissance le 6 mai à Paris d'Eugène, Marin Labiche.	
1826 Entre au collège Bourbon, actuel lycée Condorcet.	

Événements culturels et artistiques	Événements historiques et politiques
	1815 Les Cent-Jours ; Waterloo. Seconde abdication de Napoléon Ier, retour de Louis XVIII. 6 décembre : exécution du maréchal Ney.
1816 Nicéphore Niepce : invention de la photographie. **1817** Lamennais : *Essai sur l'indifférence en matière de religion.*	
1819 Théodore Géricault : *Le Radeau de la Méduse.*	**1819** Gouvernement modéré Decazes.
1820 Lamartine : *Méditations poétiques.*	**1820** Assassinat du duc de Berry. Les ultras arrivent au pouvoir. **1821** Mort de Napoléon Bonaparte. **1824** Mort de Louis XVIII. Charles X monte sur le trône.
1826 Alfred de Vigny : *Poèmes antiques et modernes ; Cinq-Mars.*	**1827-1828** Dissolution de la chambre ultra ; ministère Martignac (libéral) ; abolition de la censure.
1829 Victor Hugo : *Le Dernier Jour d'un condamné.* Honoré de Balzac : *Les Chouans.*	**1829** Ministère Polignac (ultra).
1830 Hector Berlioz : *La Symphonie fantastique.* Hugo : *Hernani.* Stendhal : *Le Rouge et le Noir.*	**1830** Action militaire en Algérie, prise d'Alger par les Français. Les quatre ordonnances. Révolution de 1830 (les Trois Glorieuses). Louis-Philippe, roi des Français. Indépendance de la Belgique.
1831 Eugène Delacroix : *La Liberté guidant le peuple.* Hugo : *Notre-Dame de Paris ; Les Feuilles d'automne.*	**1831** Intervention des Français en Belgique contre la Hollande. Révolte des canuts de Lyon. **1832** Daumier est condamné (caricatures contre Louis-Philippe).

VIE	ŒUVRES
1833 Mort de sa mère. Reçu bachelier ès lettres. **1834** Entame ses études de droit.	
	1837 Parution du *Bec dans l'eau*, roman collectif (*Revue du théâtre*). Première représentation à Paris d'une pièce de Labiche et de ses collaborateurs, *La Cuvette d'eau* (non imprimée). **1838** *Monsieur de Coyllin, ou L'Homme infiniment poli*, créée au Palais-Royal (Labiche y donnera la plupart de ses succès). **1839** *La Clef des champs*, seul roman de Labiche ; il ne se consacrera désormais plus qu'au théâtre.
1842 Épouse Adèle Hubert, qui lui apporte 150 000 F de dot.	

ÉVÉNEMENTS CULTURELS ET ARTISTIQUES	ÉVÉNEMENTS HISTORIQUES ET POLITIQUES
1833 Balzac : *Eugénie Grandet*. Frédéric Chopin : *Trois Nocturnes*. **1834** Alfred de Musset : *On ne badine pas avec l'amour* ; *Lorenzaccio* ; *Fantasio*. **1835** Balzac : *Le Père Goriot* ; *Le Lys dans la vallée*. Vigny : *Servitude et grandeur militaires* ; *Chatterton*. Hans-Christian Andersen : *Contes*. Gogol : *Journal d'un fou*. **1836** Inauguration de l'arc de triomphe de l'Étoile. L'obélisque de Louxor est érigé place de la Concorde.	**1833** Chemins de fer : première ligne (St-Étienne - Rive-de-Gier). **1834** Mesures antirépublicaines, insurrections populaires à Lyon et à Paris, massacre de la rue Transnonain. **1837** La conquête de l'Algérie se poursuit (prise de Constantine).
1839 Stendhal : *La Chartreuse de Parme*. **1840** Début des travaux de restauration de Viollet-Le-Duc. Prosper Mérimée : *Colomba*. Edgar Poe : *Histoires extraordinaires* (premier recueil). **1841** Tombeau de Napoléon aux Invalides. **1842** Eugène Sue : *Les Mystères de Paris*. Aloysius Bertrand : *Gaspard de la nuit* (posthume).	**1839** Algérie : Abd el-Kader déclare la guerre à la France. **1840** Joseph Proudhon publie *Qu'est-ce que la propriété ?* Louis Napoléon Bonaparte en détention au fort de Ham après sa tentative de conspiration à Boulogne. **1842** Charte organisant les chemins de fer en France.

Vie	Œuvres
	1844 *Le Major Cravachon.*
1848 Candidat républicain à Marly-le-Roi (Seine-et-Oise), mais prend vite ses distances avec les républicains.	**1848** Dans *Le Club champenois*, Labiche se moque des républicains. 8 pièces de Labiche sont créées entre mars et décembre (*Un jeune homme pressé, Oscar XXVIII, Histoire de rire...*). **1849** 8 pièces, dont *Exposition des produits de la République* ou *Rue de l'Homme-armé, n° 8 bis*, où Labiche montre encore son hostilité aux républicains. **1850** 8 pièces, dont *Embrassons-nous Folleville !, Un garçon de chez Véry, La Fille bien gardée.* **1851** *Un chapeau de paille d'Italie*, comédie en 5 actes.
1852 En décembre, se réjouit de l'avènement de Napoléon III.	**1852** 11 pièces, dont *Maman Sabouleux, Les Suites d'un premier lit, Le Misanthrope et l'Auvergnat, Edgar et sa bonne.*
1853 Achète le château de Launoy, à Souvigny (Loir-et-Cher).	

ÉVÉNEMENTS CULTURELS ET ARTISTIQUES	ÉVÉNEMENTS HISTORIQUES ET POLITIQUES
1843 Victor Hugo perd sa fille Léopoldine. **1844** Alexandre Dumas : *Le Comte de Monte-Cristo* ; début des *Trois Mousquetaires*. **1845** Mérimée : *Carmen*. **1846** Gustave Courbet : *L'Homme à la pipe* (autoportrait). George Sand : *La Mare au diable*. **1848** Mort de Châteaubriand, parution des *Mémoires d'outre-tombe*.	
	1848 Révolution de février, Seconde République ; grandes avancées des libertés, abolition de la peine de mort. Révolution ouvrière de juin. Louis Napoléon Bonaparte, président de la République. **1849** Majorité conservatrice à l'Assemblée ; une expédition française en Italie rend au pape Pie IX son pouvoir temporel. **1850** Loi Falloux favorisant l'enseignement catholique.
1851 Sainte-Beuve : début des *Causeries du lundi*. Hermann Melville : *Moby Dick*. **1852** Hugo : *Napoléon le Petit* (publié à Bruxelles), contre Napoléon III.	**1851** 2 décembre : coup d'État de Louis Napoléon ; dure répression contre les républicains. Départ d'Hugo en exil. **1852** Création du grand magasin « Au Bon Marché » (Boucicault). 2 décembre : Louis Napoléon devient empereur des Français sous le nom de Napoléon III.
1853 Hugo : *Les Châtiments*. Gérard de Nerval : *Sylvie*. Henri Monnier : *Grandeur et décadence de M. Joseph Prudhomme*, caricature littéraire du bourgeois.	**1853** Napoléon III épouse Eugénie de Montijo. Le baron Haussmann, préfet de la Seine.

VIE	ŒUVRES
	1856 *Si jamais je te pince !...*
	1857 *L'Affaire de la rue de Lourcine,* *Un gendre en surveillance.*
	1858 *Deux Merles blancs, Le Grain de* *café* (échec).
	1859 *L'Omelette à la Follembuche, Le* *Baron de Fourchevif, Les Petites* *Mains* (ces deux dernières pièces sont reprises devant l'Empereur à Compiègne).
	1860 *Les Deux Timides, Le Voyage de* *Monsieur Perrichon.*
	1861 *Les Vivacités du capitaine Tic,* *La Poudre aux yeux.*
	1862 *La Station Champbaudet,* *Les 37 Sous de M. Montaudoin.*
	1863 *Célimare le Bien-Aimé.*
1864 La représentation à Compiègne du *Point de mire* vaut à Labiche de dîner à la table de l'Empereur.	**1864** *La Cagnotte. Moi !* est représenté à la Comédie-Française.

ÉVÉNEMENTS CULTURELS ET ARTISTIQUES	ÉVÉNEMENTS HISTORIQUES ET POLITIQUES
	1854-1856 Guerre de Crimée contre la Russie (victoire franco-anglaise).
1855 Gustave Courbet est refusé au Salon. **1856** Hugo : *Les Contemplations*. Ouverture par Haussmann du boulevard Saint-Michel. **1857** Baudelaire : *Les Fleurs du Mal* (procès). Flaubert : *Madame Bovary* (procès).	**1857** Chemins de fer : démarrage des compagnies Paris-Lyon-Méditerrannée et Paris-Orléans. **1858** Attentat d'Orsini contre l'Empereur, loi de sûreté générale.
1859 Hugo : *La Légende des siècles* (première série).	**1859** Division de Paris en vingt arrondissements. Napoléon III : campagne victorieuse en Italie.
1860 Découverte du site d'Alésia.	**1860** Rétablissement du droit d'adresse des députés. Cession de Nice et de la Savoie à la France. Sac de Pékin par les Français et les Anglais.
1861 Charles Garnier commence la construction de l'Opéra. Mort d'Eugène Scribe. **1862** Hugo : *Les Misérables*. Naissance de Georges Feydeau, qui succédera à Labiche comme maître du vaudeville. **1863** Les peintres exclus du Salon officiel (dont Manet, Cézanne, Fantin-Latour) organisent un « Salon des refusés ». Gautier : *Le Capitaine Fracasse*. **1864** Pierre Larousse : *Dictionnaire encyclopédique du XXᵉ siècle* (premiers fascicules).	**1864** Reconnaissance du droit de grève. Fondation à Londres de la première Internationale socialiste.

Vie	Œuvres
1865 Élu conseiller municipal de Souvigny.	
	1867 *La Grammaire,* *Les Chemins de fer.*
1868 Devient maire de Souvigny.	
1870 Défend ses concitoyens de Souvigny contre les Prussiens.	**1870** *Le Plus Heureux des trois.*
	1872 Beau succès, au Palais-Royal, de *Doit-on le dire ?* **1873** *Vingt-neuf Degrés à l'ombre.*

ÉVÉNEMENTS CULTURELS ET ARTISTIQUES	ÉVÉNEMENTS HISTORIQUES ET POLITIQUES
1865 Édouard Manet : *Olympia*. Franz Liszt : *Sept Rhapsodies hongroises* (1865-1869). Comtesse de Ségur : *Un bon petit diable*. Lewis Carroll : *Alice au pays des merveilles*. **1866** Alphonse Daudet : *Lettres de mon moulin*. Paul Verlaine : *Poèmes saturniens*.	
	1868 Dissolution de la section française de l'Internationale. Libéralisation de la presse. États-Unis : droit de vote pour les Noirs.
1869 Gustave Flaubert : *L'Éducation sentimentale*. Jules Verne : *Vingt mille lieues sous les mers*. Jean-Baptiste Carpeaux : *La Danse*. **1870** Paul Cézanne : *Déjeuner sur l'herbe*.	**1869** Inauguration du canal de Suez. **1870** Mai : régime parlementaire, succès du plébiscite. Septembre : guerre contre la Prusse, défaite de Sedan (le 2), déchéance de l'Empereur, proclamation de la IIIᵉ République (le 4), retour d'exil de Victor Hugo (le 5). Capitulation de Metz, bombardement de Paris.
1871 Arthur Rimbaud : *Le Bateau ivre*. Travaux de Darwin.	**1871** Armistice, traité de Francfort : la France cède à la Prusse l'Alsace et une partie de la Lorraine. Commune de Paris (mars-mai) et répression sanglante. Thiers, président de la République.
1873 Tristan Corbière : *Les Amours jaunes*. Charles Cros : *Le Coffret de santal*. Émile Littré achève son *Dictionnaire de la langue française*.	**1873** Libération anticipée du territoire français. Mac Mahon président ; coalition de l'Ordre moral.

VIE	ŒUVRES
	1875 *Les Trente Millions de Gladiator.*
	1876 *Le Prix Martin.*
1877 Renonce à son mandat de maire.	**1877** *La Clé*, dernière pièce de Labiche, au Palais-Royal.
	1878 Début de publication d'un *Théâtre complet.*
	1879 Reprise à l'Odéon du *Voyage de Monsieur Perrichon* ; adaptation à l'Opéra-Comique d'*Embrassons-nous Folleville.* Fin de la publication du *Théâtre complet.*
1880 Élu à l'Académie française.	
1888 Mort d'Eugène Labiche.	

ÉVÉNEMENTS CULTURELS ET ARTISTIQUES	ÉVÉNEMENTS HISTORIQUES ET POLITIQUES
1874 Première exposition des peintres impressionnistes. Paul Verlaine : *Romances sans paroles.*	
	1875 Expédition de Savorgnan de Brazza au Congo.
1877 Zola : *L'Assommoir.*	**1877** Invention du phonographe (Charles Cros - Thomas Edison).
1879 Jules Vallès : *L'Enfant.*	**1879** Majorité républicaine au Sénat, démission de Mac Mahon. Jules Grévy, président de la République.
1880 Soirées de Médan, chez Zola (Maupassant : *Boule-de-Suif*). Auguste Rodin : *Le Penseur* (plâtre de l'œuvre).	**1880** Jules Ferry, président du Conseil. Le 14 juillet devient fête nationale.
	1881 Institution de l'école primaire gratuite (laïque et obligatoire à partir de 1882).
1883 Pierre Loti : *Mon frère Yves.* Villiers de l'Isle-Adam : *Contes cruels.* Émile Verhaeren : *Les Flamandes.*	**1883** Première automobile à pétrole (Édouard Delamare-Deboutteville).
1885 Zola : *Germinal.* Friedrich Nietzsche : *Par-delà le bien et le mal.*	**1884** Lois sur les libertés syndicales.
1886 Auguste Bartholdi, statue de la Liberté, New York. Camille Saint-Saëns : *Le Carnaval des animaux.*	
1887 Maupassant : *Le Horla.*	**1887** Démission de Jules Grévy, remplacé par Sadi Carnot. Crise boulangiste (1887-1889). Début de la construction de la tour Eiffel.

Les sources de l'œuvre

Les exigences du public

S'agissant d'auteurs aussi productifs que ceux de ce milieu du XIXe siècle, il est toujours hasardeux de déterminer les raisons de l'écriture d'une pièce. Une chose est sûre : pour réussir, il faut savoir s'adapter car, en 1860, les salles sont nombreuses à Paris et les spectateurs ont l'embarras du choix entre les 400 spectacles (de théâtre, mais aussi d'opéra et d'opérette) qui s'y créent annuellement.

Le romantisme est bien mort et avec lui le goût de l'histoire et de l'exotisme. Ce que veut à présent le public, et en particulier le public bourgeois, qui assure aux gérants de salles la majeure partie de leurs recettes, c'est qu'on lui parle de lui-même. L'époque est marquée par l'autosatisfaction et la classe montante peut effectivement se féliciter de son ascension économique. Les « drames bourgeois » rencontrent donc un certain succès, à l'instar de celui d'Émile Augier, *Le Gendre de Monsieur Poirier*, écrit en 1854, qui vante la supériorité du bourgeois travailleur sur l'aristocrate oisif ; ce genre, né au XVIIIe siècle à l'initiative de Diderot, n'a commencé à s'imposer que sous Louis-Philippe (après 1830). Mais le bourgeois accepte aussi que l'on se moque – gentiment – de lui. À cet égard, le vaudeville lui convient bien car il montre des situations si éloignées de la vraisemblance et des personnages si caricaturaux qu'il ne saurait s'y identifier formellement.

Flatter le spectateur

Le théâtre de Labiche satisfait précisément à cette double exigence : parler de leur vie et de l'actualité à ceux qui ne s'intéressent qu'à eux-mêmes, et leur faire jeter sur leurs travers un regard amusé, ce qui permet à la pièce de « porter » plus efficacement qu'en les fâchant par une critique trop vive.

L'actualité, c'est une évidence, constitue donc la trame du *Voyage de Monsieur Perrichon*. Le premier acte se déroule dans une gare. C'est au second Empire que se développent les chemins de fer en France, et il est donc encore inhabituel, en 1860, de voyager par ce moyen. Nous rions des angoisses de Perrichon qui craint de se perdre dans cette gare d'où ne part pourtant qu'une ligne, mais le spectateur d'alors y voyait un sujet d'actualité : que l'on songe aujourd'hui au « stress », à l'aéroport, de celui qui n'a jamais pris l'avion, ou à la vague angoisse éprouvée par les premiers voyageurs d'un métro sans conducteur ! Daniel et Armand, qui sont d'une autre génération que leur « beau-père », ont apparemment moins de mal que lui à s'adapter au progrès... Le second acte prend place à Chamonix, précisément au moment où la Savoie vient d'être rattachée à la France, et où se développe le tourisme (qui n'est plus un privilège d'Anglais excentriques). D'autres allusions émaillent la pièce : l'essor du capitalisme et des sociétés par actions, mais surtout la bravoure des militaires (le commandant Mathieu est au 2⁰ régiment de zouaves, une troupe d'élite) auxquels à l'époque la France doit la conquête de l'Algérie (prise de Constantine, 1837) et de belles victoires en Crimée (siège de Sébastopol, 1854-1855) ainsi qu'en Italie (Magenta, Solférino, 1859).

Si Labiche moque, à travers le personnage principal de la pièce, non pas « les » bourgeois, mais un personnage dans lequel ceux-ci peuvent s'ils le souhaitent faire mine de ne pas se reconnaître, il renvoie aussi une image flatteuse au spectateur qui ne peut manquer de partager le soulagement de Perrichon, retour des Alpes, à retrouver son confort et ses habitudes de sage économie, ou la satisfaction de ce père de famille responsable qui, à l'orée d'une heureuse vieillesse, prend sa retraite une fois fortune faite et achevée l'éducation de sa fille unique, pour qui les partis se bousculent. Ce personnage, Labiche le mettait déjà en scène un an plus tôt, dans *Le Baron de Fourchevif* (juin 1859), sous les traits d'un ancien porcelainier qui portait le nom prédestiné de Potard avant d'être anobli ; cette pièce était suivie des *Petites Mains* (novembre 1859), un éloge de Courtin, bourgeois hyperactif.

La tentation du message

Il est clair pourtant que ces vaudevilles sont seulement destinés à divertir. La pièce va plus loin, en illustrant une idée formulée dans le texte comme une loi mathématique ou physique : « [...] les hommes ne s'attachent point à nous en raison des services que nous leur rendons, mais en raison de ceux qu'ils nous rendent ! » (acte IV, scène 8). Un des motifs de ce relatif « sérieux » de Labiche, c'est son désir d'entrer au répertoire du Français (voir page 20). C'est peut-être aussi l'effet de la collaboration avec Édouard Martin ; ce jeune auteur de 32 ans (le malheureux mourra aveugle et fou en 1866) va à plusieurs reprises aider Labiche à écrire des pièces en plusieurs actes, plus structurées que sa production habituelle : par exemple *Les Vivacités du Capitaine Tic* (mars 1861), pièce en 3 actes où, comme dans *Perrichon*, deux prétendants – un civil, un militaire – se disputent la même jeune fille.

Le descendant d'une longue lignée

On s'épuiserait à citer, dans Labiche lui-même ou chez d'autres auteurs, les « ancêtres » possibles de *Monsieur Perrichon*. Quelle est la pièce où Labiche ne montre pas le bourgeois sous l'une ou l'autre de ses facettes ? Le créateur de M. Perrichon d'autre part ne peut manquer d'avoir été inspiré par le personnage campé par Henri Monnier (1799-1877) qui, sept ans plus tôt, avait écrit pour le théâtre *Grandeur et décadence de M. Joseph Prudhomme*, puis en 1857 *Mémoires de Joseph Prudhomme*, entre autres ; à travers Monsieur Prudhomme (qui inspirera aussi à Verlaine un poème célèbre en 1866), le bourgeois stupide et sûr de lui devient un type (voir p. 237) littéraire, mais Labiche va transformer la caricature en portrait, il va la nuancer. Un autre inspirateur possible est évidemment Gustave Flaubert : le pharmacien normand Homais qui, dans le roman *Madame Bovary* (1857), passe sa vie à débiter d'effarantes platitudes, n'est que de trois ans l'aîné du carrossier parisien ; d'ailleurs, Caroline Perrichon, troublée par

Armand au point de prendre, un instant, pour une déclaration une demande en mariage qui ne concerne que sa fille, semble contaminée par le « bovarysme du siècle », selon l'heureuse formule de Yannick Mancel (commentaires du *Voyage de Monsieur Perrichon*, Librairie générale française, coll. « Livre de Poche », 1987).

« C'est du Molière ! »

C'est justement Flaubert qui, en 1864, comparait Labiche à Molière, à propos de *Moi !* (voir page 21). On a souvent insisté, à juste titre, sur la ressemblance de *Perrichon* et du *Bourgeois gentilhomme* (1670). Ce père qui veut choisir un prétendant pour lui-même plutôt que pour sa fille (Daniel sera le beau-fils idéal pour Perrichon dont, à l'inverse de son épouse Caroline, il sait flatter l'égo), n'est-ce pas Monsieur Jourdain qui n'accepte que le Grand Mammamouchi pour gendre ? Perrichon refuse Armand dont la seule présence lui rappelle sa dette de reconnaissance, tout comme Jourdain refuse Cléonte qui le ramène à sa condition de bourgeois quand il caresse des rêves de noblesse.

Une idée

S'en tenir à tout cela serait pourtant réduire la pièce à un plat réchauffé pour lequel Labiche aurait habilement utilisé des restes, à savoir un personnage traditionnel et une intrigue (voir p. 235) classique. Dans une lettre au critique Abraham Dreyfus (Labiche, *Œuvres complètes*, édition Sigaux, tome VIII), l'auteur indique comment il travaille : « Quand je n'ai pas d'idée, je me ronge les ongles et j'invoque la Providence. Quand j'ai une idée, j'invoque aussi la Providence, mais avec moins de ferveur, parce que je crois pouvoir me passer d'elle. [...] Je prends une main de papier blanc [...] et j'écris sur la première page : PLAN. Tant qu'on n'a pas la fin de sa pièce, on n'en a ni le commencement, ni le milieu [...]. »
Outre son « théorème » sur la reconnaissance (voir plus haut), Labiche développe l'idée suivante : si Perrichon entreprend un voyage (c'est le titre de la pièce), c'est pour conju-

rer l'angoisse qui l'a pris quand, d'industriel, il est devenu rentier-retraité, tombant ainsi dans le néant social (pour la société, celui qui ne travaille pas ne compte pas, n'est pas pris au sérieux). Pour lui, le seul moyen de redevenir quelqu'un, c'est de renaître de ses cendres sous la forme d'un homme nouveau. Un homme moderne, acquis au progrès ferroviaire (c'était le cas de l'auteur), prêt à s'élancer, « rapide comme la flèche de Guillaume Tell » ; un découvreur qui ira à cheval, sous le soleil, se mesurer au glacier ; un humaniste, nouveau Montaigne en voyage, dont les générations futures attendent les « pensées » (voir acte I, scène 2). Seulement, et le comique naît de là, l'intendance et l'orthographe ne suivent pas (acte II, scène 7), la gare est un enfer, la monture de don Quichotte prend ombrage (acte II, scène 3), et il n'est pas sûr qu'un carnet « recettes-dépenses » soit exactement à la hauteur des ambitions littéraires du carrossier... *Le Voyage de Monsieur Perrichon* porte sa fin en lui, comme les bonnes pièces de Labiche.

Réception de la pièce : un succès

Le Voyage de Monsieur Perrichon est créé le 10 septembre 1860 au théâtre du Gymnase (celui-ci existe encore de nos jours). La comédie plaît au public et reste à l'affiche pour 54 représentations, jusqu'au 23 novembre, sans compter une vingtaine de reprises au début de l'année suivante. L'acteur Geoffroy, fort apprécié de Labiche, est très applaudi dans le rôle-titre. De la même façon, il assurera en 1863 le succès de *Célimare le Bien-Aimé* et celui de *La Cagnotte* en 1864.

Du côté des critiques, les avis sont plus nuancés. Jules Janin dans le *Journal des débats* du 15 octobre applaudit à la pièce et y trouve beaucoup plus de talent que dans celle d'Henri Monnier, *Joseph Prudhomme chef de brigands*, représentée à la même époque. Mais Francisque Sarcey, dont les opinions font alors la pluie et le beau temps dans le monde du théâtre, reproche à Labiche et Martin, dans *L'Opinion nationale* du 17 septembre, de n'avoir « improvisé en courant [qu']une amusante et spirituelle ébauche qui divertira pendant quelques mois le public », sans avoir tiré tout le parti possible d'un personnage et d'un sujet prometteurs, et d'avoir introduit dans le quatrième acte une péripétie inutile (le retour du commandant, sorti de prison) qui brouille le message.

Ce que Sarcey classait parmi les « vaudevilles éphémères » connaît pourtant une reprise triomphale au théâtre de l'Odéon en 1879, l'année de la publication par Labiche de son *Théâtre complet* (voir page 13). « Depuis quelque temps, le nom de Labiche a beaucoup grandi dans l'estime du public », écrit alors Sarcey, qui reconnaît après 19 ans de réflexion que la pièce « a passé chef d'œuvre ». Aujourd'hui, après une période de désaffection, *Le Voyage de Monsieur Perrichon* est devenu un classique qui aura fait beaucoup pour la réputation de Labiche ; c'est d'ailleurs de ses pièces celle qui est le plus souvent représentée à la Comédie-Française.

Eugène Labiche photographié par Nadar.

Le Voyage
de Monsieur Perrichon

EUGÈNE LABICHE

comédie

*Représentée pour la première fois
le 10 septembre 1860*

Personnages

PERRICHON.

LE COMMANDANT MATHIEU.

MAJORIN.

ARMAND DESROCHES.

DANIEL SAVARY.

JOSEPH, *domestique du commandant.*

JEAN, *domestique de Perrichon.*

MADAME PERRICHON.

HENRIETTE, *sa fille.*

UN AUBERGISTE.

UN GUIDE.

UN EMPLOYÉ DE CHEMIN DE FER.

COMMISSIONNAIRES.

VOYAGEURS.

Note de la page précédente
Toutes les œuvres dramatiques de Labiche, sauf sept (sur 174), furent le fruit d'un travail commun avec un ou deux collaborateurs, dont le rôle consista généralement à inspirer le sujet de la pièce et à en rédiger le premier jet. Mais c'est bien Labiche lui-même qui écrivait le texte final, dont dépendait le succès auprès des spectateurs.

ACTE PREMIER

La gare du chemin de fer de Lyon[1], à Paris. Au fond, barrière ouvrant sur les salles d'attente. Au fond, à droite, guichet pour les billets. Au fond, à gauche, bancs, marchande de gâteaux ; à gauche, marchande de livres.

SCÈNE PREMIÈRE. MAJORIN, UN EMPLOYÉ DU CHEMIN DE FER, VOYAGEURS, COMMISSIONNAIRES.

MAJORIN, *se promenant avec impatience.* Ce Perrichon n'arrive pas ! Voilà une heure que je l'attends... C'est pourtant bien aujourd'hui qu'il doit partir pour la Suisse avec sa femme et sa fille... *(Avec amertume.)* Des carrossiers[2] qui
5 vont en Suisse ! des carrossiers qui ont quarante mille livres de rente[3] ! des carrossiers qui ont voiture ! Quel siècle[4] ! Tandis que, moi, je gagne deux mille quatre cents francs[5]... Un employé laborieux[6], intelligent, toujours courbé sur son

---

1. Sous sa forme primitive, la gare de Lyon date de 1849. Elle n'a pris son aspect actuel qu'en 1901.
2. **Carrossiers :** industriels qui fabriquent, vendent, réparent des voitures (évidemment à chevaux ; la première automobile de série, une Panhard et Levassor, date de 1891).
3. La livre n'était plus utilisée comme unité monétaire mais on employait encore le mot comme synonyme de « franc » pour parler de revenus importants. La rente désigne un revenu annuel régulier fourni par les intérêts d'un capital placé ou prêté à l'État (à l'époque, au taux de 5 %). La fortune de M. Perrichon est manifestement fort importante, il n'est pas loin d'être millionnaire.
4. **Quel siècle :** il s'agit évidemment du XIXe siècle.
5. **Deux mille quatre cents francs :** c'est le salaire annuel de Majorin, qui gagne donc 200 francs par mois, environ le tiers du traitement d'un professeur parisien.
6. **Laborieux :** ici, qui travaille beaucoup.

bureau... Aujourd'hui, j'ai demandé un congé... j'ai dit que
10 j'étais de garde[1]... Il faut absolument que je voie Perrichon
avant son départ... je veux le prier de m'avancer mon trimestre[2]... six cents francs ! Il va prendre son air protecteur...
faire l'important !... un carrossier ! ça fait pitié ! Il n'arrive
toujours pas ! on dirait qu'il le fait exprès ! *(S'adressant à un*
15 *facteur[3] qui passe suivi de voyageurs.)* Monsieur, à quelle
heure part le train direct pour Lyon ?...

Le Facteur, *brusquement.* Demandez à l'employé.
Il sort par la gauche.

Majorin. Merci... manant[4] ! *(S'adressant à l'employé qui*
20 *est près du guichet.)* Monsieur, à quelle heure part le train
direct pour Lyon ?...

L'Employé, *brusquement.* Ça ne me regarde pas ! voyez
l'affiche.
Il désigne une affiche à la cantonade[5] à gauche.

25 Majorin. Merci... *(À part.)* Ils sont polis dans ces administrations ! Si jamais tu viens à mon bureau, toi !... Voyons
l'affiche...
Il sort par la gauche.

_____

1. Majorin fait partie de la Garde nationale, milice civique composée de
bourgeois, créée par la Révolution de 1789, mais épurée puis mise en activité
réduite depuis 1852. Le prétexte est donc peu convaincant.
2. **M'avancer mon trimestre :** me prêter l'équivalent de trois mois de salaire.
3. **Facteur :** porteur employé par la compagnie de chemin de fer (ce qui n'est
pas le cas des « commissionnaires »).
4. **Manant :** ici, au sens péjoratif (voir p. 236) d'homme grossier, mal élevé.
(Sens premier : paysan.)
5. **À la cantonade :** en direction des coulisses (voir p. 233).

SCÈNE 2. L'EMPLOYÉ, PERRICHON, MADAME PERRICHON, HENRIETTE.

Ils entrent par la droite.

PERRICHON. Par ici !... ne nous quittons pas ! nous ne pourrions plus nous retrouver... Où sont nos bagages ?... *(Regardant à droite ; à la cantonade.)* Ah ! très bien ! Qui est-ce qui
5 a les parapluies ?...

HENRIETTE. Moi, papa.

PERRICHON. Et le sac de nuit ?... les manteaux ?...

MADAME PERRICHON. Les voici !

PERRICHON. Et mon panama[1] ?... Il est resté dans le
10 fiacre[2] ! *(Faisant un mouvement pour sortir et s'arrêtant.)* Ah ! non ! je l'ai à la main !... Dieu, que j'ai chaud !

MADAME PERRICHON. C'est ta faute !... tu nous presses, tu nous bouscules !... je n'aime pas à voyager comme ça !

PERRICHON. C'est le départ qui est laborieux[3]... une fois
15 que nous serons casés !... Restez là, je vais prendre les billets... *(Donnant son chapeau à Henriette.)* Tiens, garde-moi mon panama... *(Au guichet.)* Trois premières pour Lyon !...

L'EMPLOYÉ, *brusquement.* Ce n'est pas ouvert ! Dans un quart d'heure !

20 PERRICHON, *à l'employé.* Ah ! pardon ! c'est la première fois que je voyage... *(Revenant à sa femme.)* Nous sommes en avance.

---

1. **Panama** : large chapeau de paille très souple tressé à l'origine avec la feuille d'une plante d'Amérique centrale, mis à la mode vers 1858, donc peu avant la création de la pièce.
2. **Fiacre** : voiture à cheval, l'équivalent de nos taxis.
3. **Laborieux** : ici, pénible, qui exige beaucoup d'efforts, de démarches.

Madame Perrichon. Là ! quand je te disais que nous avions le temps... Tu ne nous a pas laissées déjeuner !

25 Perrichon. Il vaut mieux être en avance !... On examine la gare ! *(À Henriette.)* Eh bien, petite fille, es-tu contente ?... Nous voilà partis !... encore quelques minutes, et, rapides comme la flèche de Guillaume Tell[1], nous nous élancerons vers les Alpes ! *(À sa femme.)* Tu as pris la lorgnette[2] ?

30 Madame Perrichon. Mais oui !

Henriette, *à son père*. Sans reproches, voilà au moins deux ans que tu nous promets ce voyage.

Perrichon. Ma fille, il fallait que j'eusse vendu mon fonds[3]... Un commerçant ne se retire pas aussi facilement des 35 affaires qu'une petite fille de son pensionnat... D'ailleurs, j'attendais que ton éducation fût terminée pour la compléter en faisant rayonner devant toi le grand spectacle de la nature !

Madame Perrichon. Ah çà ! est-ce que vous allez conti-40 nuer comme ça ?...

Perrichon. Quoi ?...

Madame Perrichon. Vous faites des phrases dans une gare !

Perrichon. Je ne fais pas de phrases... j'élève les idées de 45 l'enfant. *(Tirant de sa poche un petit carnet.)* Tiens, ma fille, voici un carnet que j'ai acheté pour toi.

---

1. **Guillaume Tell :** célèbre héros suisse (fin du XIIIe siècle), symbole de l'indépendance helvétique. Pour son irrespect envers les autorités de son canton, il fut condamné à prouver son adresse à l'arbalète en perçant une pomme placée sur la tête de son fils.
2. **Lorgnette :** longue-vue portative.
3. **Fonds :** sous-entendu, « fonds de commerce », soit tout ce qui permet à un commerçant d'exercer son activité (nom commercial, clientèle, matériel, bail du local, etc.).

HENRIETTE. Pour quoi faire ?...

PERRICHON. Pour écrire d'un côté la dépense, et de l'autre les impressions.

50 HENRIETTE. Quelles impressions ?

PERRICHON. Nos impressions de voyage ! Tu écriras, et moi je dicterai.

Mme Perrichon, M. Perrichon et Henriette.
Compagnie du Grenier de Toulouse. Théâtre de l'Atelier, 1954.

MADAME PERRICHON. Comment ! vous allez vous faire auteur à présent ?

55 PERRICHON. Il ne s'agit pas de me faire auteur... mais il me semble qu'un homme du monde peut avoir des pensées et les recueillir sur un carnet !

MADAME PERRICHON. Ce sera bien joli !

PERRICHON, *à part.* Elle est comme ça, chaque fois qu'elle
60 n'a pas pris son café !

UN FACTEUR, *poussant un petit chariot chargé de bagages.* Monsieur, voici vos bagages. Voulez-vous les faire enregistrer[1] ?...

PERRICHON. Certainement ! Mais, auparavant, je vais les
65 compter... parce que, quand on sait son compte... Un, deux, trois, quatre, cinq, six, ma femme, sept, ma fille, huit, et moi, neuf. Nous sommes neuf.

LE FACTEUR. Enlevez !

PERRICHON, *courant vers le fond.* Dépêchons-nous !

70 LE FACTEUR. Pas par là, c'est par ici !
Il indique la gauche.

PERRICHON. Ah ! très bien *(Aux femmes.)* Attendez-moi là !... Ne nous perdons pas !
Il sort en courant, suivant le facteur.

---

1. **Les faire enregistrer :** les confier à la compagnie de chemin de fer qui en assure l'acheminement dans un wagon séparé.

REPÈRES

● Qui est Majorin ? Qu'apprend-il aux spectateurs ?

● Qui sont les Perrichon ? Qu'apporte la scène 2 par rapport à la scène 1 ?

OBSERVATION

Une galerie de portraits

• Où Majorin se situe-t-il dans l'échelle sociale ? Quelle opinion a-t-il de lui-même ? Et des autres ? Citez le texte.

• Quels traits de caractère pouvez-vous dégager des répliques de Perrichon ?

• Étudiez les rapports qu'entretiennent entre eux les trois membres de la famille. Mme Perrichon habituellement tutoie-t-elle ou vouvoie-t-elle son mari ?

Le comique

• Étudiez la fonction des différentes didascalies (voir p. 234) de ces deux scènes ; que traduisent-elles ?

• Quelles formes prend le comique de mots (voir p. 233) ?

• En quoi consiste le comique de gestes dans la scène 2 ?

• La situation : Perrichon voudrait se montrer digne et solennel, mais n'y parvient pas : pourquoi ?

• Relevez une réplique de Perrichon montrant que, pour son premier voyage en train, il s'en remet aux employés et est prêt à se laisser traiter en objet.

INTERPRÉTATIONS

• Y a-t-il des effets de symétrie ou d'opposition entre les deux scènes ?

● Qu'appelle-t-on « exposition » au théâtre ? Ces deux scènes jouent-elles complètement ce rôle ? L'action s'est-elle engagée (voir p. 233) ? Perrichon et Majorin se sont-ils rencontrés ?

• Qu'est-ce que Monsieur Perrichon attend de son voyage ?

SCÈNE 3. MADAME PERRICHON, HENRIETTE, *puis* DANIEL.

HENRIETTE. Pauvre père ! quelle peine il se donne !

MADAME PERRICHON. Il est comme un ahuri !

DANIEL, *entrant suivi d'un commissionnaire qui porte sa malle.* Je ne sais pas encore où je vais, attendez ! *(Apercevant*
5 *Henriette.)* C'est elle ! je ne me suis pas trompé !
Il salue Henriette, qui lui rend son salut.

MADAME PERRICHON, *à sa fille.* Quel est ce monsieur...

HENRIETTE. C'est un jeune homme qui m'a fait danser la semaine dernière au bal du huitième arrondissement[1].

10 MADAME PERRICHON, *vivement.* Un danseur !
Elle salue Daniel.

DANIEL. Madame !... mademoiselle !... je bénis le hasard... Ces dames vont partir...

MADAME PERRICHON. Oui, monsieur !

15 DANIEL. Ces dames vont à Marseille, sans doute...

MADAME PERRICHON. Non, monsieur.

DANIEL. À Nice, peut-être...

MADAME PERRICHON. Non, monsieur !

DANIEL. Pardon, madame... je croyais... si mes services...

---

1. Paris ne comptait que douze arrondissements jusqu'en janvier 1860 où leur nombre passa aux vingt actuels par l'annexion de communes périphériques (Vaugirard, Passy, Montmartre, etc.). Ici, il s'agit vraisemblablement de l'actuel VIIIe, soit le quartier résidentiel du Faubourg-Saint-Honoré (nom officiel : l'Élysée).

20 LE FACTEUR, *à Daniel.* Bourgeois[1] ! vous n'avez que le temps pour vos bagages.

DANIEL. C'est juste ! allons ! *(À part.)* J'aurais voulu savoir où elles vont... avant de prendre mon billet... *(Saluant.)* Madame... mademoiselle... *(À part.)* Elles partent, c'est le
25 principal !
Il sort par la gauche.

SCÈNE 4. MADAME PERRICHON, HENRIETTE, *puis* ARMAND.

MADAME PERRICHON. Il est très bien, ce jeune homme !

ARMAND, *tenant un sac de nuit.* Portez ma malle aux bagages... je vous rejoins ! *(Apercevant Henriette.)* C'est elle !
Ils se saluent.

5 MADAME PERRICHON. Quel est ce monsieur...

HENRIETTE. C'est encore un jeune homme qui m'a fait danser au bal du huitième arrondissement.

MADAME PERRICHON. Ah çà ! ils se sont donc tous donné rendez-vous ici... N'importe, c'est un danseur ! *(Saluant.)*
10 Monsieur...

ARMAND. Madame... mademoiselle... je bénis le hasard... Ces dames vont partir ?

MADAME PERRICHON. Oui, monsieur.

---

1. **Bourgeois** : manière habituelle, chez ceux qui sont au second plan dans la société, d'appeler un homme manifestement aisé et bien mis (équivalent de « Monsieur »).

ARMAND. Ces dames vont à Marseille, sans doute...

15 MADAME PERRICHON. Non, monsieur.

ARMAND. À Nice, peut-être...

MADAME PERRICHON, *à part.* Tiens, comme l'autre ! *(Haut.)* Non, monsieur !

ARMAND. Pardon, madame, je croyais... si mes services...

20 MADAME PERRICHON, *à part.* Après ça[1], ils sont du même arrondissement.

ARMAND, *à part.* Je ne suis pas plus avancé... je vais faire enregistrer ma malle... je reviendrai ! *(Saluant.)* Madame... mademoiselle[2]...

Scène 5. Madame Perrichon, Henriette, Majorin, *puis* Daniel.

MADAME PERRICHON. Il est très bien, ce jeune homme !... Mais que fait ton père ? les jambes me rentrent dans le corps !

MAJORIN, *entrant par la gauche.* Je me suis trompé, ce train ne part que dans une heure !

5 HENRIETTE. Tiens, monsieur Majorin !

MAJORIN, *à part.* Enfin, les voici !

MADAME PERRICHON. Vous ! comment n'êtes-vous pas[3] à votre bureau ?...

---

1. **Après ça** : après tout, d'ailleurs.
2. Armand ne sait pas plus que Daniel où vont les Perrichon. Mais, comme il n'y a qu'un train, il ne risque pas de se tromper !
3. **Comment n'êtes-vous pas** : comment se fait-il que vous ne soyez pas...

Majorin. J'ai demandé un congé, belle dame ; je ne voulais
10 pas vous laisser partir sans vous faire mes adieux !

Madame Perrichon. Comment ! c'est pour cela que vous
êtes venu ! ah ! que c'est aimable !

Majorin. Mais, je ne vois pas Perrichon !

Henriette. Papa s'occupe des bagages.

15 Perrichon, *entrant en courant. À la cantonade.* Les billets
d'abord ! Très bien !

Majorin. Ah ! le voici ! Bonjour, cher ami !

Perrichon, *très pressé.* Ah ! c'est toi ! tu es bien gentil
d'être venu !... Pardon, il faut que je prenne mes billets !
20 *Il le quitte.*

Majorin, *à part.* Il est poli !

Perrichon, *à l'employé au guichet.* Monsieur, on ne veut
pas enregistrer mes bagages avant que j'aie pris mes billets ?

L'Employé. Ce n'est pas ouvert ! Attendez !

25 Perrichon. « Attendez ! » et là-bas, ils m'ont dit :
« Dépêchez-vous ! » *(S'essuyant le front.)* Je suis en nage !

Madame Perrichon. Et moi, je ne tiens plus sur mes
jambes !

Perrichon. Eh bien, asseyez-vous. *(Indiquant le fond à*
30 *gauche.)* Voilà des bancs... Vous êtes bonnes de rester plan-
tées là comme deux factionnaires[1].

Madame Perrichon. C'est toi-même qui nous as dit :
« Restez là ! » tu n'en finis pas ! tu es insupportable !

---

1. **Factionnaires** : personnes qui sont en faction, sentinelles.

Perrichon. Voyons, Caroline !

35 Madame Perrichon. Ton voyage ! j'en ai déjà assez !

Perrichon. On voit bien que tu n'as pas pris ton café ! Tiens, va t'asseoir !

Madame Perrichon. Oui, mais dépêche-toi !
Elle va s'asseoir avec Henriette.

Scène 6. Perrichon, Majorin.

Majorin, *à part.* Joli petit ménage !

Perrichon, *à Majorin.* C'est toujours comme ça quand elle n'a pas pris son café... Ce bon Majorin ! c'est bien gentil à toi d'être venu !

5 Majorin. Oui, je voulais te parler d'une petite affaire.

Perrichon, *distrait.* Et mes bagages qui sont restés là-bas sur une table... Je suis inquiet ! *(Haut.)* Ce bon Majorin ! c'est bien gentil à toi d'être venu !... *(À part.)* Si j'y allais ?...

Majorin. J'ai un petit service à te demander.

10 Perrichon. À moi ?...

Majorin. J'ai déménagé... et, si tu voulais m'avancer un trimestre de mes appointements[1]... six cents francs !

Perrichon. Comment, ici ?...

Majorin. Je crois t'avoir toujours rendu exactement
15 l'argent que tu m'as prêté.

Perrichon. Il ne s'agit pas de ça !

---

1. **Mes appointements :** mon salaire.

MAJORIN. Pardon ! je tiens à le constater... Je touche mon dividende des paquebots le 8 du mois prochain ; j'ai douze actions[1]... et, si tu n'as pas confiance en moi, je te remettrai
20 les titres en garantie[2].

PERRICHON. Allons donc ! es-tu bête !

MAJORIN, *sèchement*. Merci !

PERRICHON. Pourquoi diable aussi viens-tu me demander ça au moment où je pars ?... j'ai pris juste l'argent nécessaire à
25 mon voyage.

MAJORIN. Après ça, si ça te gêne... n'en parlons plus. Je m'adresserai à des usuriers[3] qui me prendront cinq pour cent par an... je n'en mourrai pas !

PERRICHON, *tirant son portefeuille*. Voyons, ne te fâche
30 pas !... tiens, les voilà, tes six cents francs, mais n'en parle pas à ma femme.

MAJORIN, *prenant les billets*. Je comprends : elle est si avare !

PERRICHON. Comment ! avare ?

35 MAJORIN. Je veux dire qu'elle a de l'ordre !

PERRICHON. Il faut ça, mon ami !... il faut ça !

MAJORIN, *sèchement*. Allons ! c'est six cents francs que je

---

1. Majorin, ayant investi de l'argent dans une société de « paquebots », possède des « actions », ou « titres », représentant une partie du capital de cette société, et qui lui valent de toucher régulièrement une partie des bénéfices devant être partagés (« dividendes ») entre actionnaires.
2. Pour que Perrichon soit sûr d'être remboursé, Majorin veut lui laisser ses actions en gage.
3. **Usuriers** : personnes qui prêtent de l'argent moyennant un trop fort taux d'intérêt, un taux usuraire. (Emploi péjoratif, voir p. 236.)

te dois... Adieu ! *(À part.)* Que d'histoires ! pour six cents francs !... et ça va en Suisse !... Carrossier !...
40 *Il disparaît par la droite.*

PERRICHON. Eh bien, il part ! il ne m'a pas seulement dit merci ! mais, au fond, je crois qu'il m'aime ! *(Apercevant le guichet ouvert.)* Ah ! sapristi ! on distribue les billets !...
Il se précipite vers la balustrade et bouscule cinq ou six
45 *personnes qui font la queue.*

UN VOYAGEUR. Faites donc attention, monsieur !

L'EMPLOYÉ, *à Perrichon.* Prenez votre tour, vous, là-bas !

PERRICHON, *à part.* Et mes bagages !... et ma femme !...
Il se met à la queue.

Repères

• La présence de Daniel et Armand à la gare est-elle due au hasard ? Quelles répliques le prouvent ?
• Qui sont ces jeunes gens ? À quel milieu appartiennent-ils ? Quelles sont leurs intentions ?

Observation

• Établissez, pour chacune des scènes, un tableau à double entrée faisant apparaître la présence ou l'absence des personnages.
• À qui s'adresse Perrichon à la scène 5 quand il dit « Très bien ! » ? Sur quel ton diriez-vous cette réplique ?
• Comment Labiche traduit-il l'affolement et la maladresse de Perrichon, l'agacement de Mme Perrichon, la contrariété de Majorin ?
• Combien de fois Perrichon fait-il allusion au café que Madame n'a pas pris ? Qu'est-ce que cela révèle ?
• Étudiez le rôle des apartés dans les scènes 3 et 4, d'une part, et dans les scènes 5 et 6, d'autre part.
• Relevez dans ces scènes les éléments de répétition et de symétrie.

Interprétations

• L'exposition se poursuit : quelle intrigue entrevoit-on ?
• Quel est l'intérêt dramatique (voir p. 234) des entrées et des sorties de Perrichon ?
• Le personnage de Majorin vous paraît-il, a priori, utile ? En quoi son comportement est-il étonnant ? Montrez que ce comportement révèle au spectateur un trait particulier du caractère de Perrichon.

SCÈNE 7. LES MÊMES, LE COMMANDANT, *suivi de* JOSEPH, *qui porte sa valise.*

LE COMMANDANT. Tu m'entends bien[1] ?

JOSEPH. Oui, mon[2] commandant.

LE COMMANDANT. Et si elle demande où je suis... quand je reviendrai... tu répondras que tu n'en sais rien... Je ne veux
5 plus entendre parler d'elle.

JOSEPH. Oui, mon commandant.

LE COMMANDANT. Tu diras à Anita que tout est fini... bien fini...

JOSEPH. Oui, mon commandant.

10 PERRICHON. J'ai mes billets !... vite ! à mes bagages ! Quel métier que d'aller à Lyon !
Il sort en courant.

LE COMMANDANT. Tu m'as bien compris ?

JOSEPH. Sauf votre respect, mon commandant, c'est bien
15 inutile de partir.

LE COMMANDANT. Pourquoi ?...

JOSEPH. Parce qu'à son retour, mon commandant reprendra mademoiselle Anita.

LE COMMANDANT. Oh !

20 JOSEPH. Alors, autant vaudrait ne pas la quitter ; les raccom-

---

1. **Tu m'entends bien** : tu me comprends bien.
2. **Mon** : s'emploie devant le nom du grade d'un officier à qui l'on s'adresse.

modements[1] coûtent toujours quelque chose à mon commandant.

LE COMMANDANT. Ah ! cette fois, c'est sérieux ! Anita s'est rendue indigne de mon affection et des bontés que j'ai pour
25 elle.

JOSEPH. On peut dire qu'elle vous ruine, mon commandant. Il est encore venu un huissier[2] ce matin... et les huissiers, c'est comme les vers... quand ça commence à se mettre quelque part...

30 LE COMMANDANT. À mon retour, j'arrangerai toutes mes affaires... Adieu !

JOSEPH. Adieu, mon commandant.

LE COMMANDANT, *s'approche du guichet et revient.* Ah ! tu m'écriras à Genève[3], poste restante[4]... Tu me donneras
35 des nouvelles de ta santé...

JOSEPH, *flatté.* Mon commandant est bien bon !

LE COMMANDANT. Et puis tu me diras si l'on a eu du chagrin en apprenant mon départ... si l'on a pleuré...

JOSEPH. Qui ça, mon commandant ?...

40 LE COMMANDANT. Eh parbleu ! elle ! Anita !

JOSEPH. Vous la reprendrez, mon commandant !

---

1. **Raccommodements** : réconciliations (sens figuré ; le nom dérivé du verbe « raccommoder » au sens propre est « raccommodage »).
2. **Huissier** : officier ministériel chargé de mettre à exécution les jugements, et particulièrement de recouvrer les sommes dues par quelqu'un.
3. On retrouvera le commandant dans la même auberge que les Perrichon, non loin de Chamonix. Le train n'allant que jusqu'à Genève, on faisait en voiture le reste du voyage.
4. **Poste restante** : le courrier d'un voyageur dépourvu d'adresse fixe peut lui être adressé à un bureau de poste où il viendra le chercher.

Le Commandant. Jamais !

Joseph. Ça fera la huitième fois. Ça me fait de la peine de voir un brave homme comme vous harcelé par des créan-
45 ciers[1]... et pour qui ? pour une...

Le Commandant. Allons, c'est bien ! donne-moi ma valise, et écris-moi à Genève... demain ou ce soir ! Bonjour[2] !

Joseph. Bon voyage, mon commandant ! *(À part.)* Il sera revenu avant huit jours ! Oh ! les femmes ! et les hommes !...
50 *Il sort. Le commandant va prendre son billet et entre dans la salle d'attente.*

---

1. **Créanciers :** personnes à qui on doit de l'argent.
2. **Bonjour :** la formule est utilisée ici pour dire au revoir, prendre congé.

Repères

• Qui sont les personnages présentés ici ?
• Pourquoi le Commandant part-il ?

Observation

Une situation délicate

• Quel est le temps le plus employé dans les répliques ? Pourquoi ?
• Relevez dans cette scène les mots appartenant au champ lexical (voir p. 233) des dettes. Dans le discours de quel personnage apparaissent-ils ? Quels rapports le Commandant entretient-il avec l'argent ? Comparez avec Perrichon.

Un comique plus subtil

• Analysez les procédés comiques (voir p. 233) du passage : « Ça fera la huitième fois [...] Bonjour » (l. 43 à 47).
• Joseph comprend-il la valeur du « on » (l. 37) employé par le Commandant ? En quoi est-ce amusant ? Caractérisez la manière dont son maître s'exprime.
• Quels sont les signes de la nervosité du Commandant ?
• Commentez la dernière réplique de Joseph. Que révèle-t-elle sur lui ? Montrez que, dans cette courte scène, Labiche parvient à faire de lui un portrait assez soigné, alors qu'il n'apparaîtra plus dans la pièce.

Interprétations

• Quels rapports le Commandant entretient-il avec son domestique ? Quel rôle celui-ci joue-t-il face à son maître ? Est-ce un cas isolé parmi les valets ou servantes de comédie (citez des exemples) ? Citez le texte à l'appui de vos réponses.
• Les déboires amoureux du Commandant, et sa manière d'y faire face, ne sont-ils pas surprenants ? Pourquoi ? Quel âge donnez-vous au personnage ?
• Quelles questions le spectateur se pose-t-il à l'issue de cette scène ? Pourquoi peut-on dire qu'elle est en rupture avec les scènes précédentes ?

SCÈNE 8. MADAME PERRICHON, HENRIETTE, *puis* PERRICHON, UN FACTEUR.

MADAME PERRICHON, *se levant avec sa fille.* Je suis lasse d'être assise !

PERRICHON, *entrant en courant.* Enfin ! c'est fini ! j'ai mon bulletin[1] ! je suis enregistré !

5 MADAME PERRICHON. Ce n'est pas malheureux !

LE FACTEUR, *poussant son chariot vide, à Perrichon.* Monsieur... n'oubliez pas le facteur, s'il vous plaît...

PERRICHON. Ah ! oui... Attendez... *(Se concertant avec sa femme et sa fille.)* Qu'est-ce qu'il faut lui donner à celui-là,
10 dix sous[2] ?...

MADAME PERRICHON. Quinze.

HENRIETTE. Vingt.

PERRICHON. Allons... va pour vingt sous ! *(Les lui donnant.)* Tenez mon garçon.

15 LE FACTEUR. Merci, monsieur !
Il sort.

MADAME PERRICHON. Entrons-nous ?

PERRICHON. Un instant... Henriette, prends ton carnet et écris.

20 MADAME PERRICHON. Déjà !

PERRICHON, *dictant.* Dépenses ! fiacre, deux francs...

---

1. **Bulletin :** reçu donné à Perrichon en échange de ses bagages.
2. **Un sou** = 1/20 de franc, cinq centimes.

chemin de fer, cent soixante-douze francs cinq centimes... facteur, un franc.

HENRIETTE. C'est fait !

25 PERRICHON. Attends ! impression !

MADAME PERRICHON, *à part*. Il est insupportable !

PERRICHON, *dictant*. Adieu, France... reine des nations ! *(S'interrompant.)* Eh bien, et mon panama... je l'aurai laissé aux bagages !
30 *Il veut courir.*

MADAME PERRICHON. Mais non ! le voici !

PERRICHON. Ah ! oui ! *(Dictant.)* Adieu, France ! reine des nations !
On entend la cloche et l'on voit accourir plusieurs voyageurs.

35 MADAME PERRICHON. Le signal ! tu vas nous faire manquer le convoi[1] !

PERRICHON. Entrons, nous finirons cela plus tard !
L'employé l'arrête à la barrière pour voir les billets. Perrichon querelle sa femme et sa fille, finit par trouver les billets dans
40 *sa poche. Ils entrent dans la salle d'attente.*

SCÈNE 9. ARMAND, DANIEL, *puis* PERRICHON.

Daniel, qui vient de prendre son billet, est heurté par Armand, qui veut prendre le sien.

ARMAND. Prenez donc garde !

DANIEL. Faites attention vous-même !

---

1. **Le convoi :** le train.

5 ARMAND. Daniel !

DANIEL. Armand !

ARMAND. Vous partez ?...

DANIEL. À l'instant ! et vous ?...

ARMAND. Moi aussi !

10 DANIEL. C'est charmant ! nous ferons route ensemble ! J'ai des cigares de première classe... Et où allez-vous ?

ARMAND. Ma foi, mon cher ami, je n'en sais rien encore.

DANIEL. Tiens ! c'est bizarre ! ni moi non plus. J'ai pris un billet jusqu'à Lyon.

M. Perrichon (Jean Le Poulain), Daniel (Michel Duchaussoy)
et Armand (Jean-Philippe Puymartin).
Mise en scène de Jean Le Poulain, Comédie-Française, 1982.

15 ARMAND. Vraiment ? Moi aussi ! Je me dispose à suivre une demoiselle charmante.

DANIEL. Tiens ! moi aussi !

ARMAND. La fille d'un carrossier !

DANIEL. Perrichon ?

20 ARMAND. Perrichon !

DANIEL. C'est la même !

ARMAND. Mais je l'aime, mon cher Daniel.

DANIEL. Je l'aime également, mon cher Armand.

ARMAND. Je veux l'épouser !

25 DANIEL. Moi, je veux la demander en mariage.. ce qui est à peu près la même chose.

ARMAND. Mais nous ne pouvons l'épouser tous les deux !

DANIEL. En France, c'est défendu[1] !

ARMAND. Que faire ?...

30 DANIEL. C'est bien simple ! Puisque nous sommes sur le marchepied du wagon, continuons gaiement notre voyage... cherchons à plaire... à nous faire aimer, chacun de notre côté !

ARMAND, *en riant*. Alors, c'est un concours !... un
35 tournoi !...

DANIEL. Une lutte loyale... et amicale... Si vous êtes vain-

---

1. La polygamie est, en effet, explicitement interdite par le Code civil français, contrairement au droit coranique pour lequel un homme peut avoir jusqu'à quatre épouses (mais pas l'inverse...).

queur... je m'inclinerai... Si je l'emporte, vous ne me tiendrez pas rancune ! Est-ce dit ?

ARMAND. Soit ! j'accepte.

40 DANIEL. La main, avant la bataille.

ARMAND. Et la main après.
Ils se donnent la main.

PERRICHON, *entrant en courant. À la cantonade.* Je te dis que j'ai le temps !

45 DANIEL. Tiens ! notre beau-père !

PERRICHON, *à la marchande de livres.* Madame, je voudrais un livre pour ma femme et ma fille... un livre qui ne parle ni de galanterie, ni d'argent, ni de politique, ni de mariage, ni de mort.

50 DANIEL, *à part. Robinson Crusoé !*

LA MARCHANDE. Monsieur, j'ai votre affaire.
Elle lui remet un volume.

PERRICHON, *lisant. Les Bords de la Saône :* deux francs ! *(Payant.)* Vous me jurez qu'il n'y a pas de bêtises[1] là-
55 dedans ? *(On entend la cloche.)* Ah diable ! Bonjour, madame.
Il sort en courant.

ARMAND. Suivons-le.

DANIEL. Suivons ! C'est égal, je voudrais bien savoir où
60 nous allons ?...
On voit courir plusieurs voyageurs. Tableau[2].

---

1. **Bêtises :** ici, sujets qui selon Perrichon pourraient choquer une jeune fille (par exemple, les intrigues amoureuses, les « galanteries » mentionnées plus haut).
2. **Tableau :** voir p. 237.

*Mise en scène de Pierre Louis, 20ᵉ Festival des Nuits de Joux,
Centre d'Animation du Haut-Doubs, scène départementale, 1994.*

REPÈRES

• La scène 9 était attendue du spectateur (ou du lecteur). Quelle question celui-ci se posait-il à propos des rapports entre Daniel et Armand à l'issue de cette rencontre ? Qu'en est-il finalement ?

• Les prétendants prévoient-ils des obstacles ? Comment évaluent-ils leurs chances de réussite ?

OBSERVATION

Perrichon et son petit monde

• Tout comme à l'opéra un personnage est représenté par un leit-motiv (voir p. 235) musical, quel est le leitmotiv scénique qui caractérise chacune des apparitions de Perrichon ?

• Commentez le mot de Perrichon (scène 8, l. 3) : « [...] j'ai mon bulletin ! je suis enregistré ! »

• Il y a un Perrichon solennel, et un Perrichon affolé. Relevez des répliques représentant chacune de ces deux facettes du personnage.

• Perrichon parvient-il à imposer son autorité ? Commentez l'épisode du carnet ainsi que les diverses interventions de Mme Perrichon.

Deux jeunes hommes

• Quelles différences (personnalité, expérience, initiatives, etc.) percevez-vous entre Daniel et Armand, au-delà de la symétrie apparente de leurs répliques ? Appuyez-vous sur le texte.

• Montrez à l'aide de citations que Labiche introduit un contraste entre Perrichon d'une part, Daniel et Armand, d'autre part : calme/fébrilité, libertinage/conception stricte en matière d'éducation des jeunes filles.

INTERPRÉTATIONS

• Le portrait de chacun des membres de la famille s'est-il précisé dans ces scènes ?

• Pensez-vous que la « lutte loyale » entre Daniel et Armand puisse constituer pour la suite de la pièce un ressort dramatique suffisamment puissant ? Justifiez votre réponse.

• Peut-on prévoir ce que sera l'acte II ?

L'exposition : en salle d'attente

L'exposition (voir p. 234) n'est pas terminée à la scène 9. Deux intrigues (voir p. 235) sont annoncées concurremment. La première est claire : deux prétendants se lancent à la poursuite d'Henriette, sans même savoir où elle va, et vont s'efforcer au cours de la pièce de séduire tant la jeune fille que ses parents. Mais le spectateur se perd en conjectures sur la seconde intrigue ; au théâtre prévaut la règle de l'efficacité, et à partir du moment où un personnage quel qu'il soit a été introduit sur scène, c'est qu'il a un rôle à jouer dans l'action : qui est donc ce Commandant, et en quoi peut-il interférer avec le destin des Perrichon ? On le sait d'autre part, les thèmes obligés de toute comédie qui se respecte sont l'amour, le mariage et l'argent ; si ce dernier ne figure pas parmi les ressorts dramatiques principaux du *Voyage de Monsieur Perrichon*, il prend tout de même une certaine importance dans cet acte. Majorin (le seul qui ne parte pas, ce qui le met d'emblée « sur la touche ») est venu à la gare emprunter de l'argent à Perrichon, lequel s'apprête à dépenser le sien pour fêter une date importante de sa vie ; quant au Commandant, il ne prend le train que pour fuir celle qui l'a mis jusqu'au cou dans les dettes… De même que l'intrigue double crée du suspense et aiguise la curiosité des spectateurs, l'intérêt porté par Labiche aux rapports de chacun avec l'argent ne peut qu'attirer l'attention d'un public qui retrouve là une de ses préoccupations principales.

Un lieu scénique particulier

Il est sûr en tout cas que l'action telle qu'elle est engagée doit se poursuivre en d'autres lieux : le titre de la pièce l'indique assez, les Perrichon sont ici en instance de départ, et l'action ne pourra vraiment prendre son élan que quand le voyage aura commencé. On doit donc saluer l'habileté de Labiche : aucun lieu ne se prête mieux qu'une salle d'attente à la présentation des personnages et de l'intrigue.

Un hall de gare présente d'autres avantages. C'est d'abord le lieu naturel de toutes les rencontres, mais aussi de tous les jeux de cache-cache : Daniel et Armand se croisent sans se voir, puis se télescopent brutalement ; Majorin peut délester Perrichon de six cents francs à l'insu de sa femme ; et le Commandant, qui ne connaît aucun des autres personnages (sauf un, on le verra à l'acte II), y règle de son côté ses petites affaires sentimentales tout en entretenant le mystère. Ensuite, la gare est un lieu symbolique, révélateur ; il ne peut y avoir d'action que s'il y a changement d'état, et dans une gare le voyageur en transit est précisément déstabilisé, fragilisé, prêt à accepter ce qu'ailleurs il considérerait comme inacceptable : dans le cas de Mme Perrichon, la présence de deux hommes autour d'une jeune fille dont la famille cherche par ailleurs à protéger la moralité ; dans le cas de Perrichon, affolé par les complications d'un lieu dont il ne maîtrise pas le fonctionnement, un emprunt d'argent par surprise, ainsi que la mise en cause de son autorité de père de famille (quand retentit la cloche du départ, il est bien forcé d'interrompre ses belles phrases).

Le comique : démarrage sur les chapeaux de roue

Autre intérêt du décor : l'espace scénique étant nécessairement limité, c'est à un « concentré de gare » que nous avons affaire ; tout y est : les guichets, la salle d'attente et le kiosque à journaux, les voyageurs, les employés et les commissionnaires ; le fait que cet espace soit réduit en pratique mais symboliquement vaste permet à Labiche de développer efficacement comique de gestes (les bousculades, les courses en tous sens de Perrichon, omniprésent), comique de situation (les personnages qui se côtoient sans se rencontrer, d'où des scènes qui se répètent à l'identique) et comique de caractères (cette omniprésence d'un Perrichon fébrile le désigne clairement comme le personnage central et empêche d'emblée le spectateur de le prendre au sérieux). La mécanique du vaudeville est enclenchée : le spectateur voit tout ce qui se passe sur cette scène réduite, mais les personnages restent dans l'ignorance de certains événements, puisque le lieu est censé être immense...

Acte II

Un intérieur d'auberge au Montanvert, près de la mer de Glace[1]. Au fond, à droite, porte d'entrée ; au fond, à gauche, fenêtre ; vue de montagnes couvertes de neige ; à gauche, porte et cheminée haute. À droite, table où est le livre des voyageurs, et porte.

Scène première. Armand, Daniel, L'Aubergiste, Un Guide[2].

Daniel et Armand sont assis à une table, et déjeunent.

L'Aubergiste. Ces messieurs prendront-ils autre chose ?

Daniel. Tout à l'heure... du café...

Armand. Faites manger le guide ; après, nous partirons
5 pour la mer de Glace.

L'Aubergiste. Venez, guide.
Il sort, suivi du guide, par la droite.

Daniel. Eh bien, mon cher Armand ?

Armand. Eh bien, mon cher Daniel ?

10 Daniel. Les opérations sont engagées, nous avons commencé l'attaque.

---

1. La mer de Glace, dans le massif du Mont-Blanc, est un glacier qui descend vers la vallée de l'Arve, au nord-est de Chamonix, et se trouvait, au milieu du XIXᵉ siècle, à 1 100 m d'altitude, mais a reculé depuis jusqu'à 1 400 m. Le Montenvers (orthographe actuelle), quant à lui, culmine à 1 913 m.
2. C'est alors tout un métier que de jouer les touristes. Il faut recourir à un guide pour visiter la mer de Glace (à laquelle on accède aujourd'hui par un train à crémaillère).

ARMAND. Notre premier soin a été de nous introduire dans le même wagon que la famille Perrichon ; le papa avait déjà mis sa calotte[1].

15 DANIEL. Nous les avons bombardés de prévenances[2], de petits soins.

ARMAND. Vous avez prêté votre journal à M. Perrichon, qui a dormi dessus... En échange, il vous a offert *les Bords de la Saône*... un livre avec des images.

20 DANIEL. Et vous, à partir de Dijon, vous avez tenu un store dont la mécanique était dérangée ; ça a dû vous fatiguer.

ARMAND. Oui, mais la maman m'a comblé de pastilles de chocolat.

DANIEL. Gourmand !... vous vous êtes fait nourrir.

25 ARMAND. À Lyon, nous descendons au même hôtel...

DANIEL. Et le papa, en nous retrouvant, s'écrie : « Ah ! quel heureux hasard !... ».

ARMAND. À Genève, même rencontre... imprévue...

DANIEL. À Chamouny[3], même situation ; et le Perrichon de 30 s'écrier toujours : « Ah ! quel heureux hasard ! ».

ARMAND. Hier soir, vous apprenez que la famille se dispose à venir voir la mer de Glace, et vous venez me chercher dans ma chambre... à l'aurore... c'est un trait de gentilhomme[4] !

---

1. **Calotte :** petit bonnet rond, semblable à celui des gens d'Église, qui ne couvre que le sommet du crâne et que Perrichon a mis pour être à l'aise.
2. **Prévenances :** attentions, menus services destinés à se rendre agréable.
3. **Chamouny :** orthographe ancienne de Chamonix (on ne prononce pas le x final).
4. **Un trait de gentilhomme :** un geste qui dénote (indique) que Daniel se comporte en gentilhomme, c'est-à-dire avec noblesse.

35 DANIEL. C'est dans notre programme... lutte loyale !... Voulez-vous de l'omelette ?

ARMAND. Merci... Mon cher, je dois vous prévenir... loyalement... que, de Chalon à Lyon, mademoiselle Perrichon m'a regardé trois fois.

DANIEL. Et moi, quatre !
40

ARMAND. Diable ! c'est sérieux !

DANIEL. Ça le sera bien davantage quand elle ne nous regardera plus... Je crois qu'en ce moment elle nous préfère tous les deux... ça peut durer longtemps comme ça ; heureusement nous sommes gens de loisir .
45

ARMAND. Ah çà ! expliquez-moi comment vous avez pu vous éloigner de Paris, étant le gérant d'une société de paquebots ?...
                                                                    3

DANIEL. « Les Remorqueurs de la Seine »... capital social ,
50 deux millions. C'est bien simple ; je me suis demandé un petit congé, et je n'ai pas hésité à me l'accorder... J'ai de bons employés ; les paquebots vont tout seuls, et, pourvu que je sois à Paris le 8 du mois prochain pour le payement du dividende... Ah çà ! et vous ?... un banquier... Il me semble que vous pérégrinez beaucoup !
55

ARMAND. Oh ! ma maison de banque ne m'occupe guère... J'ai associé mes capitaux en réservant la liberté de ma personne, je suis banquier...

DANIEL. Amateur !

---

1. **Chalon** : Chalon-sur-Saône, au nord de Lyon.
2. **Gens de loisir** : des personnes qui ont tout leur temps.
3. **Capital social** : les sommes, apportées par les actionnaires, dont dispose la société.
4. **Vous pérégrinez** : vous voyagez. Emploi amusant d'un verbe habituellement plutôt littéraire.

ARMAND. Je n'ai, comme vous, affaire à Paris que vers le 8
60 du mois prochain.

DANIEL. Et, d'ici là, nous allons nous faire une guerre à
outrance[1]...

ARMAND. À outrance ! comme deux bons amis... J'ai eu un
moment la pensée de vous céder la place ; mais j'aime sérieu-
65 sement Henriette...

DANIEL. C'est singulier[2]... je voulais vous faire le même
sacrifice... sans rire... À Chalon, j'avais envie de décamper,
mais je l'ai regardée.

ARMAND. Elle est si jolie !

70 DANIEL. Si douce !

ARMAND. Si blonde !

DANIEL. Il n'y a presque plus de blondes ; et des yeux !

ARMAND. Comme nous les aimons.

DANIEL. Alors je suis resté !

75 ARMAND. Ah ! je vous comprends !

DANIEL. À la bonne heure ! C'est un plaisir de vous avoir
pour ennemi ! *(Lui serrant la main.)* Cher Armand !

ARMAND, *de même*. Bon Daniel ! Ah çà ! M. Perrichon
n'arrive pas. Est-ce qu'il aurait changé son itinéraire ? Si nous
80 allions les perdre ?

DANIEL. Diable ! c'est qu'il est capricieux, le bonhomme...

---

1. **À outrance :** excessive, donc totale, sans merci.
2. **Singulier :** curieux, bizarre.

Avant-hier, il nous a envoyés nous promener à Ferney[1], où nous comptions le retrouver...

ARMAND. Et, pendant ce temps, il était allé à Lausanne[2].

85 DANIEL. Eh bien, c'est drôle de voyager comme cela ! *(Voyant Armand qui se lève.)* Où allez-vous donc ?

ARMAND. Je ne tiens pas en place, j'ai envie d'aller au-devant de ces dames.

DANIEL. Et le café ?

90 ARMAND. Je n'en prendrai pas... Au revoir !
Il sort vivement par le fond.

SCÈNE 2. DANIEL, *puis* L'AUBERGISTE, *puis* LE GUIDE.

DANIEL. Quel excellent garçon ! c'est tout cœur, tout feu... mais ça ne sait pas vivre, il est parti sans prendre son café ! *(Appelant.)* Holà !... monsieur l'aubergiste !

L'AUBERGISTE, *paraissant.* Monsieur ?

5 DANIEL. Le café. *(L'aubergiste sort. Daniel allume un cigare.)* Hier, j'ai voulu faire fumer le beau-père... Ça ne lui a pas réussi...

L'AUBERGISTE, *apportant le café.* Monsieur est servi.

DANIEL, *s'asseyant derrière la table, devant la cheminée, et* 10 *étendant une jambe sur la chaise d'Armand.* Approchez cette

---

1. **Ferney :** actuellement Ferney-Voltaire, petite ville de l'Ain, sur la frontière suisse, où le philosophe Voltaire (1694-1778) possédait un domaine dans lequel il vécut presque vingt ans.
2. **Lausanne :** ville de Suisse, sur la rive nord du lac Léman, à l'est de Genève.

chaise... très bien... *(Il a désigné une autre chaise, il y étend l'autre jambe.)* Merci !... Ce pauvre Armand ! il court sur la grande route, lui, en plein soleil... et moi, je m'étends ! Qui arrivera le premier de nous deux ? Nous avons la fable du
15 Lièvre et de la Tortue[1].

L'Aubergiste, *lui présentant un registre.* Monsieur veut-il écrire quelque chose sur le livre des voyageurs[2] ?

Daniel. Moi ?... je n'écris jamais après mes repas, rarement avant... Voyons les pensées délicates et ingénieuses des visi-
20 teurs. *(Il feuillette le livre, lisant.)* « Je ne me suis jamais mouché si haut !... » Signé : « Un voyageur enrhumé... » *(Il continue à feuilleter.)* Oh ! la belle écriture ! *(Lisant.)* « Qu'il est beau d'admirer les splendeurs de la nature, entouré de sa femme et de sa nièce !... » Signé : « Malaquais, rentier[3]... »
25 Je me suis toujours demandé pourquoi les Français, si spiri-
tuels chez eux, sont si bêtes en voyage !
Cris et tumulte au-dehors.

L'Aubergiste. Ah ! mon Dieu !

Daniel. Qu'y a-t-il ?

---

1. **Fable du Lièvre et de la Tortue :** célèbre fable (*Fables*, livre VI, x) de Jean de La Fontaine (1621-1695). On y voit une tortue battre à la course un lièvre parti trop tard car trop sûr de sa victoire.
2. **Le livre des voyageurs :** le « livre d'or » de l'établissement, sur lequel les voyageurs – qu'on espère illustres – inscrivent tour à tour en quelques formules – si possible spirituelles – leurs impressions sur le séjour effectué.
3. **Rentier :** personne qui ne vit que des rentes de son capital.

Repères

• Montrez que ces scènes sont conçues pour répondre à la question posée par Daniel à la fin de l'acte I. Que s'est-il passé entre les deux actes ? Par quel moyen le spectateur est-il tenu au courant ?
• Pourquoi Armand sort-il précipitamment à la fin de la scène 1 ?

Observation

• Quels sont les éléments utilisés par Labiche pour créer une « couleur locale » montagnarde ? Quel rôle attribuez-vous pour le moment au livre des voyageurs ?
• La conversation des jeunes gens est, à sa manière, un « récit de Théramène » (voir note 1, p. 106) : est-ce pour les mêmes raisons que dans une tragédie classique ? Cet échange est-il ennuyeux ? Étudiez en particulier le rythme et l'enchaînement (voir p. 234) des répliques.
• Relevez dans les scènes 1 et 2 les traits d'ironie (voir p. 235). Contre qui cette ironie s'exerce-t-elle ?
• Relevez dans la scène 1 les mots appartenant aux champs lexicaux (voir p. 233) du plaisir et des vacances, d'une part, et de la lutte, d'autre part.
• Connaît-on mieux Daniel et Armand désormais ? Relevez les indications données sur leur situation sociale : ont-ils par rapport au travail, à l'argent, les mêmes attitudes que Perrichon ? Quelles différences percevez-vous entre « le Lièvre » et « la Tortue » ? L'un semble-t-il plus sympathique que l'autre ?

Interprétations

• Qu'est-ce qui domine entre Armand et Daniel : l'amitié ou la rivalité ?
• Prennent-ils au sérieux l'entreprise dans laquelle ils sont engagés ?
• L'action a-t-elle progressé à la fin de la scène 2 ?

SCÈNE 3. DANIEL, PERRICHON, ARMAND, MADAME PERRICHON, HENRIETTE, L'AUBERGISTE.

Perrichon entre, soutenu par sa femme et le guide.

ARMAND. Vite, de l'eau ! du sel ! du vinaigre !

DANIEL. Qu'est-il donc arrivé ?

HENRIETTE. Mon père a manqué de se tuer !

5 DANIEL. Est-il possible ?

PERRICHON, *assis*. Ma femme !... ma fille !... Ah ! je me sens mieux !...

HENRIETTE, *lui présentant un verre d'eau sucrée*. Tiens !... bois !... ça te remettra...

10 PERRICHON. Merci... quelle culbute !
Il boit.

MADAME PERRICHON. C'est ta faute aussi... vouloir monter à cheval, un père de famille... et avec des éperons[1] encore !

PERRICHON. Les éperons n'y sont pour rien... c'est la bête 15 qui est ombrageuse[2].

MADAME PERRICHON. Tu l'auras piquée sans le vouloir, elle s'est cabrée...

HENRIETTE. Et, sans M. Armand, qui venait d'arriver... mon père disparaissait dans un précipice...

---

1. **Éperons** : tiges de métal que le cavalier fixe à ses bottes et utilise pour piquer son cheval et l'obliger à accélérer l'allure.
2. **Ombrageuse** : qui prend souvent ombrage, c'est-à-dire colérique, ou aisément effrayée.

20 MADAME PERRICHON. Il y était déjà... je le voyais rouler comme une boule... nous poussions des cris !...

HENRIETTE. Alors, monsieur s'est élancé !...

MADAME PERRICHON. Avec un courage, un sang-froid !... Vous êtes notre sauveur... car, sans vous, mon mari... mon
25 pauvre ami...
Elle éclate en sanglots.

ARMAND. Il n'y a plus de danger... calmez-vous !

MADAME PERRICHON, *pleurant toujours.* Non ! ça me fait du bien ! *(À son mari.)* Ça t'apprendra à mettre des éperons.
30 *(Sanglotant plus fort.)* Tu n'aimes pas ta famille.

HENRIETTE, *à Armand.* Permettez-moi d'ajouter mes remerciements à ceux de ma mère, je garderai toute ma vie le souvenir de cette journée... toute ma vie !...

ARMAND. Ah ! mademoiselle !

35 PERRICHON, *à part.* À mon tour ! *(Haut.)* Monsieur Armand !... non, laissez-moi vous appeler Armand...

ARMAND. Comment donc !

PERRICHON. Armand... donnez-moi la main... Je ne sais pas faire de phrases moi... mais, tant qu'il battra, vous aurez une
40 place dans le cœur de Perrichon ! *(Lui serrant la main.)* Je ne vous dis que cela !

MADAME PERRICHON. Merci, monsieur Armand !

HENRIETTE. Merci, monsieur Armand !

ARMAND. Mademoiselle Henriette !

45 DANIEL, *à part.* Je commence à croire que j'ai eu tort de prendre mon café !

MADAME PERRICHON, *à l'aubergiste*. Vous ferez reconduire le cheval, nous retournerons tous en voiture...

PERRICHON, *se levant*. Mais je t'assure, ma chère amie, que
50 je suis assez bon cavalier... *(Poussant un cri.)* Aïe !

TOUS. Quoi ?

PERRICHON. Rien !... les reins ! Vous ferez reconduire le cheval !

MADAME PERRICHON. Viens te reposer un moment. Au
55 revoir, monsieur Armand !

HENRIETTE. Au revoir, monsieur Armand !

PERRICHON, *serrant énergiquement la main d'Armand*. À bientôt... Armand ! *(Poussant un second cri.)* Aïe !... j'ai trop serré !
60 *Il entre à gauche, suivi de sa femme et de sa fille.*

Monsieur Perrichon sur la mer de Glace.
Gravure exécutée pour la représentation de la pièce
au théâtre de Strasbourg durant la saison 1860-1861. B.N., Paris.

Repères

• Le bourgeois, temporairement éloigné de son cadre familier, joue ici consciencieusement son rôle de touriste/explorateur/casse-cou. En quoi nous rappelle-t-il certains vacanciers de notre temps ?

• Sommes-nous néanmoins réellement inquiets pour Perrichon ? Quels mots désamorcent l'aspect « dramatique » de l'accident ?

Observation

• Comment Labiche s'y prend-il pour créer un réel effet de surprise chez le spectateur ?

• Établissez un schéma qui mettra en évidence, réplique après réplique, les différents courants de communication entre les personnages (ex. : Mme Perrichon ➙ Monsieur Perrichon). Tirez-en des conclusions. Combien de conversations s'entrecroisent-elles ? Un des personnages est progressivement tenu à l'écart : lequel ? Quel est son état d'esprit ?

• Relevez les phrases nominales (ou les phrases sans verbe), les adjectifs possessifs et les pronoms personnels du texte ; comment expliquez-vous leur fréquence ?

• Comment interprétez-vous l'aparté (voir p. 233) de Perrichon : « À mon tour ! » (l. 35) ? Sur quel ton le prononceriez-vous ?

• Quelles conclusions Perrichon tire-t-il de son accident ? Se remet-il en cause ? Quelles sont les réactions successives de Mme Perrichon, une fois le premier choc passé ?

• Analysez les procédés comiques dans la scène, et en particulier la comparaison « [...] je le voyais rouler comme une boule... » (l. 20), le jeu des pronoms (on parle de Perrichon à la 3e personne), les répétitions d'une réplique à l'autre, le burlesque (voir p. 233) des dernières répliques.

• Quel nom propre apparaît dans les trois dernières répliques de cette scène ? Qu'est-ce que Labiche veut mettre en évidence ?

Interprétations

• Labiche s'écarte-t-il du sujet de l'intrigue (voir p. 235) ?

• L'action a-t-elle évolué ? Pourquoi Armand se montre-t-il aussi discret ?

SCÈNE 4. ARMAND, DANIEL.

ARMAND. Qu'est-ce que vous dites de cela, mon cher Daniel ?

DANIEL. Que voulez-vous ! c'est de la veine !... Vous sauvez le père, vous cultivez le précipice, ce n'était pas dans le
5 programme !

ARMAND. C'est bien le hasard...

DANIEL. Le papa vous appelle Armand, la mère pleure et la fille vous décoche des phrases bien senties... empruntées aux plus belles pages de M. Bouilly[1]... Je suis vaincu, c'est clair !
10 et je n'ai plus qu'à vous céder la place...

ARMAND. Allons donc ! vous plaisantez...

DANIEL. Je plaisante si peu, que, dès ce soir, je pars pour Paris.

ARMAND. Comment ?

15 DANIEL. Où vous retrouverez un ami... qui vous souhaite bonne chance !

ARMAND. Vous partez ? ah ! merci !

DANIEL. Voilà un cri du cœur !

ARMAND. Ah ! pardon ! je le retire !... après le sacrifice que
20 vous me faites...

DANIEL. Moi ? entendons-nous bien... je ne vous fais pas le plus léger sacrifice. Si je me retire, c'est que je ne crois avoir

---

1. Jean-Nicolas Bouilly (1763-1842), auteur français aujourd'hui oublié à qui l'on doit des pièces – dont le vaudeville à succès *Fanchon la vielleuse* (1803) – et surtout des récits pour enfants, moralisateurs et ennuyeux.

aucune chance de réussir ; car, maintenant encore, s'il s'en présentait une... même petite, je resterais.

25 ARMAND. Ah !

DANIEL. Est-ce singulier ! Depuis qu'Henriette m'échappe il me semble que je l'aime davantage.

ARMAND. Je comprends cela... aussi, je ne vous demanderai pas le service que je voulais vous demander...

30 DANIEL. Quoi donc ?

ARMAND. Non, rien...

DANIEL. Parlez... je vous en prie.

ARMAND. J'avais songé... puisque vous partez, à vous prier de voir M. Perrichon, de lui toucher quelques mots de ma
35 position[1], de mes espérances[2].

DANIEL. Ah ! diable !

ARMAND. Je ne puis le faire moi-même... j'aurais l'air de réclamer le prix du service que je viens de lui rendre.

DANIEL. Enfin, vous me priez de faire la demande pour
40 vous ? Savez-vous que c'est original, ce que vous me demandez là ?

ARMAND. Vous refusez ?...

DANIEL. Ah ! Armand ! j'accepte !

ARMAND. Mon ami !

45 DANIEL. Avouez que je suis un bien bon petit rival, un rival qui fait la demande ! *(Voix de Perrichon dans la coulisse.)* J'entends le beau-père ! Allez fumer un cigare et revenez !

---

1. **Position :** situation.
2. **Espérances :** fortune potentielle, ce que je puis espérer gagner ou hériter.

ARMAND. Vraiment ! je ne sais comment vous remercier...

DANIEL. Soyez tranquille, je vais faire vibrer chez lui la
50 corde de la reconnaissance.
Armand sort par le fond.

SCÈNE 5. DANIEL, PERRICHON,
puis L'AUBERGISTE.

PERRICHON, *entrant et parlant à la cantonade.* Mais certainement il m'a sauvé ! Certainement il m'a sauvé, et, tant qu'il
battra, le cœur de Perrichon... je lui ai dit...

DANIEL. Eh bien, monsieur Perrichon... vous sentez-vous
5 mieux ?

PERRICHON. Ah ! je suis tout à fait remis... je viens de boire
trois gouttes de rhum dans un verre d'eau, et, dans un quart
d'heure, je compte gambader sur la mer de Glace. Tiens,
votre ami n'est plus là ?

10 DANIEL. Il vient de sortir.

PERRICHON. C'est un brave jeune homme !... Ces dames
l'aiment beaucoup.

DANIEL. Oh ! quand elles le connaîtront davantage !... un
cœur d'or ! obligeant, dévoué, et d'une modestie !

15 PERRICHON. Oh ! c'est rare.

DANIEL. Et puis il est banquier... c'est un banquier !...

PERRICHON. Ah !

DANIEL. Associé de la maison Turneps, Desroches et Cie !
Dites donc, c'est assez flatteur d'être repêché par un ban-
20 quier... car, enfin, il vous a sauvé ! Hein ?... sans lui !...

PERRICHON. Certainement... certainement... C'est très gentil, ce qu'il a fait là !

DANIEL, *étonné.* Comment, gentil ?

PERRICHON. Est-ce que vous allez vouloir atténuer le mérite
25 de son action ?

DANIEL. Par exemple !

PERRICHON. Ma reconnaissance ne finira qu'avec ma vie...
Çà ! tant que le cœur de Perrichon battra. Mais, entre nous,
le service qu'il m'a rendu n'est pas aussi grand que ma femme
30 et ma fille veulent bien le dire.

DANIEL, *étonné.* Ah bah !

PERRICHON. Oui. Elles se montent la tête. Mais, vous savez,
les femmes !...

DANIEL. Cependant, quand Armand vous a arrêté, vous
35 rouliez...

PERRICHON. Je roulais, c'est vrai... Mais, avec une présence
d'esprit étonnante... j'avais aperçu un petit sapin après lequel
j'allais me cramponner ; je le tenais déjà quand votre ami est
arrivé.

40 DANIEL, *à part.* Tiens, tiens ! vous allez voir qu'il s'est sauvé
tout seul.

PERRICHON. Au reste, je ne lui sais pas moins gré[1] de sa
bonne intention... Je compte le revoir... lui réitérer[2] mes
remerciements... je l'inviterai même cet hiver.

45 DANIEL, *à part.* Une tasse de thé !

PERRICHON. Il paraît que ce n'est pas la première fois qu'un

---

1. **Je ne lui sais pas moins gré** : je ne lui suis pas moins reconnaissant.
2. **Réitérer** : renouveler.

pareil accident arrive à cet endroit-là... c'est un mauvais pas[1]... L'aubergiste vient de me raconter que, l'an dernier, un Russe... un prince... très bon cavalier ! car ma femme a
50 beau dire, ça ne tient pas à mes éperons, avait roulé dans le même trou.

DANIEL. En vérité ?

PERRICHON. Son guide l'a retiré... Vous voyez qu'on s'en retire parfaitement... Eh bien, le Russe lui a donné cent
55 francs !

DANIEL. C'est très bien payé !

PERRICHON. Je le crois bien !... Pourtant c'est ce que ça vaut !...

DANIEL. Pas un sou de plus. *(À part.)* Oh ! mais je ne pars
60 pas.

PERRICHON, *remontant*[2]. Ah çà ! ce guide n'arrive pas.

DANIEL. Est-ce que ces dames sont prêtes ?

PERRICHON. Non... elles ne viendront pas... vous comprenez ? mais je compte sur vous...

65 DANIEL. Et sur Armand ?

PERRICHON. S'il veut être des nôtres, je ne refuserai certainement pas la compagnie de M. Desroches.

DANIEL, *à part*. M. Desroches ! Encore un peu il va le prendre en grippe !

70 L'AUBERGISTE, *entrant par la droite*. Monsieur !...

PERRICHON. Eh bien, ce guide ?

---

1. **Mauvais pas :** passage dangereux.
2. **Remontant :** voir l'entrée « rampe », p. 236.

Daniel (G. Berr) et M. Perrichon (Coquelin Cadet).
Caricature (1906) de De Losques.
Bibliothèque de l'Arsenal, Paris.

L'AUBERGISTE. Il est à la porte... Voici vos chaussons[1].

PERRICHON. Ah ! oui ! il paraît qu'on glisse dans les crevasses là-bas... et, comme je ne veux avoir d'obligation[2] à
75 personne...

---

1. **Chaussons** : chaussures d'étoffe dont on entourait ses souliers pour éviter
de déraper sur la glace.
2. **Avoir d'obligation** : devoir de la reconnaissance.

L'AUBERGISTE, *lui présentant le registre*. Monsieur écrit-il sur le livre des voyageurs ?

PERRICHON. Certainement... mais je ne voudrais pas écrire quelque chose d'ordinaire... il me faudrait là... une pensée !...
80 une jolie pensée... *(Rendant le livre à l'aubergiste.)* Je vais y rêver en mettant mes chaussons. *(À Daniel.)* Je suis à vous dans la minute.
Il entre à droite, suivi de l'aubergiste.

Repères

• Daniel se retire : pour quelle raison ? Le spectateur est-il pour autant persuadé qu'il ait totalement renoncé à Henriette ? Justifiez votre réponse.
• À la fin de la scène 4, Armand croit détenir un « capital de sympathie » d'une valeur égale à la main d'Henriette. Quelles sont les répliques de Perrichon qui montrent qu'en réalité la « cote » d'Armand est en baisse (scène 5) ?
• Perrichon est-il prêt à se laisser « repêcher » de nouveau ? Quelle est pour lui la principale utilité des chaussons ?

Observation

• Quelle(s) différences(s) percevez-vous entre le ton de chacun des personnages dans la scène 4 ?
• Cherchez la définition de la figure de style appelée « prétérition » et trouvez-en un exemple dans une des répliques d'Armand (scène 4).
• Commentez la réplique de Daniel à la fin de la scène 4 : « Soyez tranquille, je vais faire vibrer chez lui la corde de la reconnaissance. » En quoi constitue-t-elle une transition entre les scènes 4 et 5 ?
• Relevez dans la scène 5 les expressions par lequelles Perrichon minimise le service que lui a rendu Armand.
• Relevez et commentez les termes (groupes nominaux ou pronoms) par lesquels Perrichon désigne Armand.
• Comptez le nombre de fois où Perrichon parle de lui à la première personne, et concluez.
• La trahison de Daniel était-elle préméditée ? Appuyez-vous sur le texte (et en particulier sur les apartés) pour étudier l'évolution de son attitude : à quel moment comprend-il le parti qu'il peut tirer de la personnalité de Perrichon ?
• Quel rôle Perrichon attribue-t-il au livre des voyageurs ?

Interprétations

• Complétez le portrait d'Armand et de Daniel, ainsi que celui de Perrichon.
• En quoi l'absence de Mme Perrichon et d'Henriette est-elle importante pour l'action dans ces deux scènes ?

M. Perrichon (Jean Le Poulain), Daniel (Michel Duchaussoy)
et Armand (Jean-Philippe Puymartin).
Mise en scène de Jean Le Poulain, Comédie-Française, 1982.

SCÈNE 6. DANIEL, *puis* ARMAND.

DANIEL, *seul*. Ce carrossier est un trésor d'ingratitude. Or, les trésors appartiennent à ceux qui les trouvent, article 716 du Code civil[1]...

ARMAND, *paraissant à la porte du fond*. Eh bien ?

5 DANIEL, *à part*. Pauvre garçon !

ARMAND. L'avez-vous vu ?

DANIEL. Oui.

ARMAND. Lui avez-vous parlé ?

DANIEL. Je lui ai parlé.

10 ARMAND. Alors vous avez fait ma demande ?...

DANIEL. Non.

ARMAND. Tiens ! pourquoi ?

DANIEL. Nous nous sommes promis d'être francs vis-à-vis l'un de l'autre... Eh bien, mon cher Armand, je ne pars plus, 15 je continue la lutte.

ARMAND, *étonné*. Ah ! c'est différent !... et peut-on vous demander les motifs qui ont changé votre détermination ?

DANIEL. Les motifs... j'en ai un puissant... je crois réussir.

ARMAND. Vous ?

20 DANIEL. Je compte prendre un autre chemin que le vôtre et arriver plus vite.

ARMAND. C'est très bien... vous êtes dans votre droit...

---

1. La référence est exacte. Le Code civil, recueil de lois qui fut promulgué en 1804, a subsisté – avec des modifications – jusqu'à nos jours.

DANIEL. Mais la lutte n'en continuera pas moins loyale et amicale ?

25 ARMAND. Oui.

DANIEL. Voilà un oui un peu sec !

ARMAND. Pardon... *(Lui tendant la main.)* Daniel, je vous le promets...

DANIEL. À la bonne heure !
30 *Il remonte.*

SCÈNE 7. LES MÊMES, PERRICHON, *puis* L'AUBERGISTE.

PERRICHON. Je suis prêt... j'ai mis mes chaussons... Ah ! monsieur Armand.

ARMAND. Vous sentez-vous remis de votre chute ?

PERRICHON. Tout à fait ! ne parlons plus de ce petit acci-
5 dent... c'est oublié !

DANIEL, *à part.* Oublié ! Il est plus vrai que la nature...

PERRICHON. Nous partons pour la mer de Glace... êtes-vous des nôtres ?

ARMAND. Je suis un peu fatigué... je vous demanderai la
10 permission de rester...

PERRICHON, *avec empressement.* Très volontiers ! ne vous gênez pas ! *(À l'aubergiste, qui entre.)* Ah ! monsieur l'au-bergiste, donnez-moi le livre des voyageurs.
Il s'assied à droite et écrit.

15 DANIEL, *à part*. Il paraît[1] qu'il a trouvé sa pensée... la jolie pensée.

PERRICHON, *achevant d'écrire*. Là !... voilà ce que c'est ! *(Lisant avec emphase[2].)* « Que l'homme est petit quand on le contemple du haut de la *mère* de Glace ! »

20 DANIEL. Sapristi ! c'est fort !

ARMAND, *à part*. Courtisan !

PERRICHON, *modestement*. Ce n'est pas l'idée de tout le monde.

DANIEL, *à part*. Ni l'orthographe ; il a écrit *mère, r, e, re* !

25 PERRICHON, *à l'aubergiste, lui montrant le livre ouvert sur la table*. Prenez garde ! c'est frais !

L'AUBERGISTE. Le guide attend ces messieurs avec les bâtons ferrés[3].

PERRICHON. Allons ! en route !

30 DANIEL. En route !
Daniel et Perrichon sortent suivis de l'aubergiste.

---

1. **Il paraît :** il apparaît, il semble évident.
2. **Avec emphase :** sur un ton exagérément solennel.
3. **Bâtons ferrés :** bâtons pourvus d'une pointe de métal, on ne tardera pas (1866) à les appeler des *Alpenstocks* (en allemand, « bâtons pour les Alpes »).

Repères

• « Courtisan ! » (scène 7, l. 21) : comment comprenez-vous cet aparté (voir p. 233) d'Armand ?
• Perrichon a-t-il vu le glacier au moment où il écrit sa « pensée » ? Quel philosophe a écrit des *Pensées* ?

Observation

• Daniel développe une métaphore (voir p. 235) à propos de M. Perrichon (scène 6). Commentez-la. En quoi constitue-t-elle pour Daniel une justification ?
• Étudiez dans la scène 6 les effets produits par la différence de longueur entre les répliques des personnages. À l'aide de vos observations, étudiez l'évolution des réactions d'Armand.
• Relevez les termes appartenant au champ lexical (voir p. 233) de la loyauté dans la scène 6. Qui en fait l'usage le plus fréquent ? Pourquoi ?
• Quelle association d'idées naît chez le spectateur lorsque Perrichon, dans sa première réplique (scène 7), parle de ses « chaussons » puis d'Armand ?
• Relevez dans le discours de Perrichon les expressions qui trahissent ses véritables sentiments à l'égard d'Armand et définissez ces sentiments.
• Armand ressent-il le changement d'attitude de Perrichon ? Justifiez votre réponse à l'aide du texte.
• Relevez et commentez les apartés dans les deux scènes.

Interprétations

• Daniel, à la fin de la scène 7, est dans une position toute différente de celle dans laquelle il se trouvait à la fin de la scène 3. Il a bénéficié de ce qu'on appelle un « retournement de situation ». Comparez sa situation « avant » et « après ».
• Qu'attend le spectateur à présent ?

Scène 8. Armand, *puis* L'Aubergiste, Le Commandant Mathieu.

Armand. Quel singulier revirement chez Daniel ! Ces dames sont là... elles ne peuvent tarder à sortir, je veux les voir... leur parler... *(S'asseyant vers la cheminée et prenant un journal.)* Je vais les attendre.

5 L'Aubergiste, *à la cantonade.* Par ici, monsieur...

Le Commandant, *entrant.* Je ne reste qu'une minute... Je repars à l'instant pour la mer de Glace... *(S'asseyant devant la table sur laquelle est resté le registre ouvert.)* Faites-moi servir un grog au kirsch[1], je vous prie.

10 L'Aubergiste, *sortant par la droite.* Tout de suite, monsieur.

Le Commandant, *apercevant le registre.* Ah ! ah ! le livre des voyageurs ! voyons !... *(Lisant.)* « Que l'homme est petit quand on le contemple du haut de la *mère* de Glace !... »
15 *Signé* Perrichon... *Mère !* Voilà un monsieur qui mérite une leçon d'orthographe.

L'Aubergiste, *apportant le grog.* Voici, monsieur.
Il le pose sur la table à gauche.

Le Commandant, *tout en écrivant sur le registre.* Ah !
20 monsieur l'aubergiste.

L'Aubergiste. Monsieur

Le Commandant. Vous n'auriez pas, parmi les personnes qui sont venues chez vous ce matin, un voyageur du nom d'Armand Desroches ?

---

1. **Grog au kirsch :** boisson composée d'eau chaude sucrée, de rondelles de citron et d'un alcool fort – eau de vie, rhum, ou, ici, kirsch (eau-de-vie de cerises).

25 ARMAND. Hein ?... c'est moi, monsieur.

LE COMMANDANT, *se levant.* Vous, monsieur ?... pardon.
(À l'aubergiste.) Laissez-nous. *(L'aubergiste sort.)* C'est bien
à monsieur Armand Desroches de la maison Turneps,
Desroches et Cie que j'ai l'honneur de parler ?

30 ARMAND. Oui, monsieur...

LE COMMANDANT. Je suis le commandant Mathieu.
Il s'assied à gauche et prend son grog.

ARMAND. Ah ! enchanté !... mais je ne crois pas avoir
l'avantage de vous connaître, commandant.

35 LE COMMANDANT. Vraiment ? Alors je vous apprendrai
que vous me poursuivez à outrance pour une lettre de
change[1] que j'ai eu l'imprudence de mettre dans la
circulation...

ARMAND. Une lettre de change ?

40 LE COMMANDANT. Vous avez même obtenu contre moi
une prise de corps[2].

ARMAND. C'est possible, commandant, mais ce n'est pas
moi, c'est la maison qui agit.

LE COMMANDANT. Aussi n'ai-je aucun ressentiment contre
45 vous... ni contre votre maison... Seulement, je tenais à vous
dire que je n'avais pas quitté Paris pour échapper aux
poursuites.

---

1. **Lettre de change** : document par lequel le commandant a ordonné à sa
banque de payer une certaine somme, sans doute pour régler un fournisseur
d'Anita. Mais, comme il n'a plus assez d'argent à la date de l'échéance, sa dette
n'a pu être couverte et la banque se retourne contre lui (vocabulaire
commercial).
2. **Prise de corps** : (ou « contrainte par corps »), mesure d'emprisonnement
destinée à contraindre un débiteur à régler une dette.

ARMAND. Je n'en doute pas.

LE COMMANDANT. Au contraire !... Dès que je serai de
50 retour à Paris, dans une quinzaine, avant peut-être... je vous
le ferai savoir et je vous serai infiniment obligé de me faire
mettre à Clichy[1]... le plus tôt possible.

ARMAND. Vous plaisantez, commandant...

LE COMMANDANT. Pas le moins du monde !... Je vous
55 demande cela comme un service...

ARMAND. J'avoue que je ne comprends pas...

LE COMMANDANT, *ils se lèvent*. Mon Dieu, je suis moi-
même un peu embarrassé pour vous expliquer... Pardon, êtes-
vous garçon[2] ?

60 ARMAND. Oui, commandant.

LE COMMANDANT. Oh ! alors je puis vous faire ma confes-
sion... J'ai le malheur d'avoir une faiblesse... J'aime.

ARMAND. Vous ?

LE COMMANDANT. C'est bien ridicule à mon âge, n'est-ce
65 pas ?

ARMAND. Je ne dis pas ça.

LE COMMANDANT. Oh ! ne vous gênez pas ! Je me suis
affolé d'une petite... égarée que j'ai rencontrée un soir au bal
Mabille[3]... Elle se nomme Anita...

---

1. La prison de Clichy (1834-1867), située dans la rue du même nom (actuel
IXe arrondissement), n'accueillait que les personnes condamnées pour dette.
2. **Garçon :** célibataire.
3. **Bal Mabille :** alors le plus célèbre bal de Paris, il se tenait l'été avenue
Montaigne, dans le VIIIe arrondissement, dans un décor d'un mauvais goût
recherché. Payant (hommes 5 F, femmes 1 F), bal public donc, il était apprécié
des bourgeois en quête d'occasions galantes, lesquelles n'y manquaient pas...

70 ARMAND. Anita ! J'en ai connu une.

LE COMMANDANT. Ce doit être celle-là !... Je comptais m'en amuser trois jours, et voilà trois ans qu'elle me tient ! Elle me trompe, elle me ruine, elle me rit au nez !... Je passe ma vie à lui acheter des mobiliers... qu'elle revend le lende-
75 main !... Je veux la quitter, je pars, je fais deux cents lieues ; j'arrive à la mer de Glace... et je ne suis pas sûr de ne pas retourner ce soir à Paris... C'est plus fort que moi !... L'amour à cinquante ans... voyez-vous... c'est comme un rhumatisme, rien ne le guérit.

80 ARMAND, *riant.* Commandant, je n'avais pas besoin de cette confidence pour arrêter les poursuites... je vais écrire immédiatement à Paris...

LE COMMANDANT, *vivement.* Mais du tout ! n'écrivez pas ! Je tiens à être enfermé ; c'est peut-être un moyen de guérison.
85 Je n'en ai pas encore essayé.

ARMAND. Mais cependant.

LE COMMANDANT. Permettez ! j'ai la loi pour moi.

ARMAND. Allons, commandant, puisque vous le voulez...

LE COMMANDANT. Je vous en prie... instamment[1]... Dès
90 que je serai de retour... je vous ferai passer ma carte[2] et vous pourrez faire instrumenter[3]... Je ne sors jamais avant dix heures. *(Saluant.)* Monsieur, je suis bien heureux d'avoir eu l'honneur de faire votre connaissance.

ARMAND. Mais c'est moi, commandant...
95 *Ils se saluent. Le commandant sort par le fond.*

---

1. **Instamment :** avec insistance.
2. **Carte :** carte de visite.
3. **Faire instrumenter :** faire dresser un acte judiciaire authentique et donc faire arrêter (vocabulaire juridique).

REPÈRES

• Qu'apporte cette scène par rapport à la scène 7 de l'acte I ?
• Armand est surpris au milieu d'un monologue. A-t-il tiré des conclusions de l'épisode précédent ? Citez le texte.
• Un objet semble décidément destiné à jouer un rôle dans l'action : de quel objet s'agit-il, et quel rôle pouvez-vous entrevoir ?

OBSERVATION

• À partir de quelle réplique la communication s'établit-elle entre Armand et le Commandant ?
• Les deux hommes ont-ils des points communs ? Citez le texte. À quoi le Commandant compare-t-il l'amour ?
• Sur quel ton le Commandant peut-il dire : « Ce doit être celle-là ! » (l. 71) ? Quel commentaire auriez-vous à faire sur l'expression « des mobiliers » (l. 74) ? Comment imaginez-vous Anita ? Le militaire est-il lucide à son sujet ?
• L'indicatif présent a-t-il la même valeur pour tous les verbes dans la tirade du Commandant (« Ce doit être celle-là ! [...] guérit », l. 71 à 79) ?

INTERPRÉTATIONS

• Désormais des rapports, que vous définirez, ont été établis entre le Commandant et les autres personnages de la pièce, même si c'est à l'insu de l'un d'entre eux (lequel ?). L'intrigue en est-elle modifiée ? compliquée ? Justifiez vos réponses.
• Labiche cherche-t-il à atténuer l'invraisemblance de la rencontre « providentielle » entre le Commandant et Armand ? Pourquoi ? Songez au genre auquel appartient la pièce.

SCÈNE 9. ARMAND, *puis* MADAME PERRICHON, *puis* HENRIETTE.

ARMAND. À la bonne heure ! il n'est pas banal, celui-là ! *(Apercevant madame Perrichon qui entre de la gauche.)* Ah ! madame Perrichon !

MADAME PERRICHON. Comment ! vous êtes seul, mon-
5 sieur ? Je croyais que vous deviez accompagner ces messieurs.

ARMAND. Je suis déjà venu ici l'année dernière, et j'ai demandé à M. Perrichon la permission de me mettre à vos ordres.

MADAME PERRICHON. Ah ! monsieur... *(À part.)* C'est tout
10 à fait un homme du monde !... *(Haut.)* Vous aimez beaucoup la Suisse ?

ARMAND. Il faut bien aller quelque part.

MADAME PERRICHON. Oh ! moi, je ne voudrais pas habiter ce pays-là... il y a trop de précipices et de montagnes... Ma
15 famille est de la Beauce[1]...

ARMAND. Ah ! je comprends.

MADAME PERRICHON. Près d'Étampes[2]...

ARMAND, *à part*. Nous devons avoir un correspondant[3] à Étampes ; ce serait un lien. *(Haut.)* Vous ne connaissez pas
20 M. Pingley, à Étampes ?

MADAME PERRICHON. Pingley ?... c'est mon cousin ! Vous le connaissez ?

---

1. **La Beauce :** Mme Perrichon ne pouvait pas être originaire d'une région plus différente du Mont-Blanc que cette plaine céréalière de l'ouest du Bassin parisien...
2. **Étampes :** ville située à l'extrémité nord-est de la Beauce.
3. **Correspondant :** représentant.

ARMAND. Beaucoup. *(À part.)* Je ne l'ai jamais vu !

MADAME PERRICHON. Quel homme charmant !

25 ARMAND. Ah ! oui !

MADAME PERRICHON. C'est un bien grand malheur qu'il ait son infirmité !

ARMAND. Certainement... c'est un bien grand malheur !

MADAME PERRICHON. Sourd à quarante-sept ans !

30 ARMAND, *à part.* Tiens ! il est sourd notre correspondant ? C'est donc pour ça qu'il ne répond jamais à nos lettres.

MADAME PERRICHON. Est-ce singulier ? c'est un ami de Pingley qui sauve mon mari !... Il y a de bien grands hasards dans le monde.

35 ARMAND. Souvent aussi on attribue au hasard des péripéties[1] dont il est parfaitement innocent.

MADAME PERRICHON. Ah ! oui... souvent aussi on attribue... *(À part.)* Qu'est-ce qu'il veut dire ?

ARMAND. Ainsi, madame, notre rencontre en chemin de fer,
40 puis à Lyon, puis à Genève, à Chamouny, ici même, vous mettez tout cela sur le compte du hasard ?

MADAME PERRICHON. En voyage, on se retrouve...

ARMAND. Certainement... surtout quand on se cherche.

MADAME PERRICHON. Comment ?

45 ARMAND. Oui, madame, il ne m'est pas permis de jouer plus longtemps la comédie du hasard ; je vous dois la vérité, pour vous, pour mademoiselle votre fille.

---

1. **Péripéties :** épisodes, rebondissements inattendus.

MADAME PERRICHON. Ma fille !

ARMAND. Me pardonnerez-vous ? Le jour où je la vis, j'ai
50 été touché, charmé... J'ai appris que vous partiez pour la
Suisse... et je suis parti.

MADAME PERRICHON. Mais, alors, vous nous suivez ?

ARMAND. Pas à pas... Que voulez-vous !... J'aime...

MADAME PERRICHON. Monsieur !

55 ARMAND. Oh ! rassurez-vous ! J'aime avec tout le respect,
toute la discrétion qu'on doit à une jeune fille dont on serait
heureux de faire sa femme.

MADAME PERRICHON, *perdant la tête, à part.* Une
demande en mariage ! et Perrichon qui n'est pas là ! *(Haut.)*
60 Certainement, monsieur... je suis charmée... non, flattée !...
parce que vos manières... votre éducation... Pingley... le service que vous nous avez rendu... mais M. Perrichon est sorti...
pour la mer de Glace... et aussitôt qu'il rentrera...

HENRIETTE, *entrant vivement.* Maman !... *(S'arrêtant.)* Ah !
65 tu causais avec M. Armand ?

MADAME PERRICHON, *troublée.* Nous causions, c'est-à-dire
oui ! nous parlions de Pingley ! monsieur connaît Pingley.
– N'est-ce pas ?

ARMAND. Certainement, je connais Pingley !

70 HENRIETTE. Oh ! quel bonheur !

MADAME PERRICHON, *à Henriette.* Ah ! comme tu es coif-
fée !... et ta robe ! ton col ! *(Bas.)* Tiens-toi donc droite !

HENRIETTE, *étonnée.* Qu'est-ce qu'il y a ?
Cris et tumulte au-dehors.

75 MADAME PERRICHON et HENRIETTE. Ah ! mon Dieu !

ARMAND. Ces cris...

REPÈRES

• Armand, croyant pouvoir compter sur la reconnaissance de Perrichon, tente à présent de trouver une alliée en la personne de Mme Perrichon. Qu'ignore-t-il ?
• Dans quel état d'esprit Mme Perrichon se trouve-t-elle d'emblée vis-à-vis de lui ? Qu'ignore-t-elle ?

OBSERVATION

Le comique
• Déclaration d'amour ou demande en mariage ? À quels moments frôle-t-on l'ambiguïté lors du tête-à-tête entre Armand et Mme Perrichon ?
• Pourquoi le « J'aime… » de la ligne 53 est-il comique ? Reportez-vous à la scène précédente.
• Commentez le jeu des apartés (voir p. 233).
• Relevez des répliques volontairement absurdes.
• Par quels procédés Labiche traduit-il l'affolement de Mme Perrichon devant la situation ?
• Que déclenche l'arrivée d'Henriette ?
• À quel type de comique se rattache l'utilisation du nom de Pingley ?
• Comment la scène se termine-t-elle ? Quelle autre scène de la pièce cette fin vous rappelle-t-elle ?

INTERPRÉTATIONS

• Armand a marqué un point. Est-ce un avantage décisif ? Que va-t-il se passer à présent ? Quel conflit peut-on prévoir entre les époux Perrichon ?
• Connaissez-vous, dans la comédie, d'autres scènes de demande en mariage ? Comparez-les avec le traitement que fait Labiche de ce moment clé.

Scène 10. Les Mêmes, Perrichon, Daniel, Le Guide, L'Aubergiste.

Daniel entre soutenu par l'aubergiste et par le guide.

PERRICHON, *très ému*. Vite ! de l'eau ! du sel ! du vinaigre ! *Il fait asseoir Daniel.*

TOUS. Qu'y a-t-il ?

5 PERRICHON. Un événement affreux ! *(S'interrompant.)* Faites-le boire, frottez-lui les tempes !

DANIEL. Merci... Je me sens mieux.

ARMAND. Qu'est-il arrivé ?

DANIEL. Sans le courage de monsieur Perrichon...

10 PERRICHON, *vivement*. Non, pas vous ! ne parlez pas !... *(Racontant.)* C'est horrible !... Nous étions sur la mer de Glace... Le mont Blanc nous regardait, tranquille et majestueux...

DANIEL, *à part*. Le récit de Théramène[1] !

15 MADAME PERRICHON. Mais dépêche-toi donc !

HENRIETTE. Mon père !

PERRICHON. Un instant, que diable ! Depuis cinq minutes, nous suivions, tout pensifs, un sentier abrupt qui serpentait entre deux crevasses... de glace ! Je marchais le premier.

20 MADAME PERRICHON. Quelle imprudence !

---

1. **Le récit de Théramène :** dans l'avant-dernière scène de *Phèdre*, tragédie de Jean Racine (1639-1699) datée de 1677, Théramène, le précepteur d'Hippolyte, fait un long récit (94 vers) pour rapporter à Thésée, père du jeune homme, comment ce dernier a été tué par un monstre marin.

PERRICHON. Tout à coup, j'entends derrière moi comme un éboulement ; je me retourne : monsieur venait de disparaître dans un de ces abîmes sans fond dont la vue seule fait frissonner...

25 MADAME PERRICHON, *impatientée*. Mon ami...

PERRICHON. Alors, n'écoutant que mon courage, moi, père de famille, je m'élance...

MADAME PERRICHON et HENRIETTE. Ciel !

PERRICHON. Sur le bord du précipice, je lui tends mon bâton
30 ferré... Il s'y cramponne. Je tire... il tire... nous tirons, et, après une lutte insensée, je l'arrache au néant et je le ramène à la face du soleil, notre père à tous !...
Il s'essuie le front avec son mouchoir.

HENRIETTE. Oh ! papa !

35 MADAME PERRICHON. Mon ami !

PERRICHON, *embrassant sa femme et sa fille*. Oui, mes enfants, c'est une belle page...

ARMAND, *à Daniel*. Comment vous trouvez-vous ?

DANIEL, *bas*. Très bien ! ne vous inquiétez pas ! *(Il se lève.)*
40 Monsieur Perrichon, vous venez de rendre un fils à sa mère...

PERRICHON, *majestueusement*. C'est vrai !

DANIEL. Un frère à sa sœur !

PERRICHON. Et un homme à la société.

DANIEL. Les paroles sont impuissantes pour reconnaître un
45 tel service.

PERRICHON. C'est vrai !

DANIEL. Il n'y a que le cœur... entendez-vous, le cœur !

PERRICHON. Monsieur Daniel ! Non, laissez-moi vous appeler Daniel.

50 DANIEL. Comment donc ! *(À part.)* Chacun son tour !

PERRICHON, *ému.* Daniel, mon ami, mon enfant !... votre main. *(Il lui prend la main.)* Je vous dois les plus douces émotions de ma vie... Sans moi, vous ne seriez qu'une masse informe et repoussante, ensevelie sous les frimas... Vous me
55 devez tout, tout ! *(Avec noblesse.)* Je ne l'oublierai jamais !

DANIEL. Ni moi !

PERRICHON, *à Armand, en s'essuyant les yeux.* Ah ! jeune homme ! vous ne savez pas le plaisir qu'on éprouve à sauver son semblable.

60 HENRIETTE. Mais, papa, monsieur le sait bien, puisque tantôt...

PERRICHON, *se rappelant.* Ah ! oui, c'est juste ! – Monsieur l'aubergiste, apportez-moi le livre des voyageurs.

MADAME PERRICHON. Pour quoi faire ?

65 PERRICHON. Avant de quitter ces lieux, je désire consacrer[1] par une note le souvenir de cet événement !

L'AUBERGISTE, *apportant le registre.* Voilà, monsieur.

PERRICHON. Merci... Tiens, qui est-ce qui a écrit ça ?

TOUS. Quoi donc ?

70 PERRICHON, *lisant.* « Je ferai observer à M. Perrichon que la mer de Glace n'ayant pas d'enfants, l'*e* qu'il lui attribue

---

1. **Consacrer :** fixer définitivement, solennellement.

devient un dévergondage[1] grammatical. » *Signé :* « Le Commandant. »

Tous. Hein ?

75 Henriette, *bas, à son père.* Oui, papa ! mer ne prend pas d'*e* à la fin.

Perrichon. Je le savais ! Je vais lui répondre à ce monsieur. *(Il prend une plume et écrit.)* « Le commandant est... un paltoquet[2] ! » *Signé :* « Perrichon. »

80 Le Guide, *rentrant.* La voiture est là.

Perrichon. Allons ! dépêchons-nous. *(Aux jeunes gens.)* Messieurs, si vous voulez accepter une place ?
Armand et Daniel s'inclinent.

Madame Perrichon, *appelant son mari.* Perrichon, aide-
85 moi à mettre mon manteau. *(Bas.)* On vient de me demander notre fille en mariage...

Perrichon. Tiens ! à moi aussi !

Madame Perrichon. C'est M. Armand.

Perrichon. Moi, c'est Daniel... mon ami Daniel.

90 Madame Perrichon. Mais il me semble que l'autre...

Perrichon. Nous parlerons de cela plus tard...

Henriette, *à la fenêtre.* Ah ! il pleut à verse !

Perrichon. Ah diable ! *(À l'aubergiste.)* Combien tient-on dans votre voiture ?

---

1. **Dévergondage :** débauche ; dévergonder, c'est détourner du droit chemin, débaucher.
2. **Paltoquet :** terme d'injure assez faible, déjà vieilli au temps de Labiche, désignant un individu grossier, prétentieux et ridicule.

95 L'AUBERGISTE. Quatre dans l'intérieur et un à côté du cocher.

PERRICHON. C'est juste le compte.

ARMAND. Ne vous gênez pas pour moi.

PERRICHON. Daniel montera avec nous.

100 HENRIETTE, *bas, à son père*. Et M. Armand ?

PERRICHON, *bas*. Dame, il n'y a que quatre places ! il montera sur le siège.

HENRIETTE. Par une pluie pareille !

MADAME PERRICHON. Un homme qui t'a sauvé !

105 PERRICHON. Je lui prêterai mon caoutchouc[1] !

HENRIETTE. Ah !

PERRICHON. Allons ! en route ! en route !

DANIEL, *bas*. Je savais bien que je reprendrais la corde[2].

---

1. **Caoutchouc** : manteau de pluie, imperméabilisé au caoutchouc.
2. Dans les hippodromes, une corde limitait le bord intérieur de la piste. « Tenir » (ou « reprendre ») la corde, c'est pouvoir emprunter la trajectoire la plus courte, et donc être en tête (métaphore sportive, voir p. 235).

REPÈRES

• D'après l'aparté des époux Perrichon, que s'est-il passé pendant la promenade de Perrichon et Daniel ? Qu'est-ce qui permet à ce dernier d'affirmer qu'il a repris la tête ?
• Établissez en moins de six lignes un résumé de cette scène.

OBSERVATION

L'intrigue : Daniel, « à la corde »
• De quelle scène celle-ci est-elle symétrique ? Relevez les similitudes (jusque dans les répliques) et les différences (par exemple, les rôles respectifs d'Armand, Daniel et Perrichon ; les réactions des femmes).
• Étudiez l'attitude de Daniel. À quoi voit-on : a) qu'il a un certain recul par rapport à l'événement ; b) qu'il cherche à tirer parti de la situation ?

Perrichon, chroniqueur
• Pourquoi Perrichon tient-il à se charger de la narration de l'accident ? Comment rend-il son récit involontairement comique en le voulant héroïque ? Étudiez sa « rhétorique » (art du discours) : emploi des temps, utilisation des adjectifs, expressions toutes faites, champ lexical de la famille...
• Montrez que le « narrateur » Perrichon rejoue véritablement la scène. Qu'expriment les points de suspension dans le récit ?
• Quel procédé comique déjà observé reconnaissez-vous dans la métaphore (voir p. 235) « [...] une masse informe et repoussante, ensevelie sous les frimas... » (l. 53) ?
• Comment les autres personnages réagissent-ils aux « effets » de Perrichon ?

INTERPRÉTATIONS

• Lisez le vrai récit de Théramène (voir note 1, page 106). En retrouvez-vous des souvenirs conscients dans le récit de Perrichon ?
• Quelle importance attribuez-vous à l'incident du registre ? Est-il vraisemblable qu'il puisse avoir des suites ?
• Est-on arrivé à la fin de la pièce ? Commentez à ce propos la dernière réplique de Daniel.

Un puzzle encore incomplet

Comme prévu, le théâtre des opérations a changé : le spectateur retrouve dans les Alpes Monsieur Perrichon et tous ceux qu'il traîne à sa suite. Transplanté hors de son cadre naturel, le bourgeois prend goût à l'aventure, et ses frasques ainsi que sa personnalité deviennent des ressorts dramatiques puissants (une chute, un sauvetage grâce auxquels chacun des prétendants marque tour à tour des points, Daniel trouvant son avantage dans l'orgueil et l'ingratitude du carrossier). Nous sommes clairement entrés dans l'action : la lutte entre Daniel et Armand s'est engagée, Perrichon est maintenant au courant de la situation, et les jeunes gens ont trouvé un allié chacun, en la personne de « la maman » (Armand) ou du « papa » (Daniel). Les deux « clans » ainsi formés sont en opposition : Perrichon, avec la complicité de Daniel, cultive des défauts très masculins : orgueil, ingratitude, certitudes péremptoires ; Armand, moins expérimenté, moins sûr de lui, peut-être plus jeune et plus fragile que Daniel, trouve appui chez les femmes et joue la carte de la loyauté et du dévouement.

Les portraits des personnages se précisent et s'affinent donc : celui de Perrichon, bien sûr, mais aussi celui des deux prétendants et celui du Commandant, dont le spectateur commence à situer la personnalité à défaut d'en comprendre encore le rôle dans la pièce. En effet, le second volet de l'intrigue n'a guère évolué : un rapport s'est, à l'insu des autres, établi entre le Commandant et Armand, mais le personnage est toujours étranger à la famille Perrichon, même si une piste est lancée par Labiche avec le livre des voyageurs.

Quand les objets s'en mêlent...

Car on se doute que ces échanges de remarques par registre interposé auront nécessairement des répercussions sur l'action : comment expliquer, sinon, que l'objet en question constitue ici un véritable leitmotiv scénique, puisqu'il apparaît dans une scène sur deux (scènes 2, 5, 7, 8 et 10) ? On touche ici à une particularité du vaudeville : l'utilisation des objets qui, comme dans les romans policiers, participent de la machinerie infernale enclenchée par l'auteur.

D'autres objets ou « accessoires », dont certains ne sont que nom-
més et non représentés sur scène, participent d'ailleurs aussi à l'action : le cheval et les éperons, le glacier et ses crevasses, les bâtons
ferrés et les chaussons (précautions prises par Perrichon pour ne
plus avoir à être secouru), la diligence à quatre places seulement et
le « caoutchouc » dans lequel le malheureux Armand va achever
son excursion...

Cet acte est peut-être celui où le comique est le plus achevé ; tout y
concourt : les gestes et attitudes (par exemple, les chutes et leurs
conséquences, les personnages dans leur accoutrement de touristes),
les situations (l'affolement de Mme Perrichon lors de la demande
d'Armand), les mots (le langage qui trahit), le caractère du carrossier (son ingratitude, son égocentrisme presque incroyables), les
répétitions et les symétries (d'une réplique à l'autre, d'une scène à
l'autre), et en général l'exagération voulue du trait : si *Perrichon*
n'était une pièce de théâtre, ce serait une excellente bande dessinée,
et les postures de Monsieur Perrichon ne seraient reniées chez Hergé
ni par la Castafiore ni par le capitaine Haddock...

ACTE III

Un salon chez Perrichon, à Paris. Cheminée au fond ; porte d'entrée dans l'angle à gauche ; appartement dans l'angle à droite ; salle à manger à gauche ; au milieu, guéridon[1] avec tapis ; canapé à droite du guéridon.

SCÈNE PREMIÈRE. JEAN, *seul,*
achevant d'essuyer un fauteuil.

Midi moins un quart... C'est aujourd'hui que M. Perrichon revient de voyage avec madame et mademoiselle... J'ai reçu hier une lettre de monsieur... la voilà. *(Lisant.)* « Grenoble, 5 juillet. Nous arriverons mercredi, 7 juillet, à midi. Jean
5 nettoiera l'appartement et fera poser les rideaux. » *(Parlé.)* C'est fait. *(Lisant.)* « Il dira à Marguerite, la cuisinière, de nous préparer le dîner. Elle mettra le pot-au-feu... un morceau pas trop gras... de plus, comme il y a longtemps que nous n'avons mangé de poisson de mer, elle nous achètera
10 une petite barbue[2] bien fraîche... Si la barbue était trop chère, elle la remplacerait par un morceau de veau à la casserole. » *(Parlé.)* Monsieur peut arriver... tout est prêt... Voilà ses journaux, ses lettres, ses cartes de visite[3]... Ah ! par exemple, il est venu ce matin de bonne heure un monsieur
15 que je ne connais pas... il m'a dit qu'il s'appelait le Commandant... Il doit repasser. *(Coup de sonnette à la porte exté-*

---

1. **Guéridon :** petite table ronde, posée sur un unique pied central.
2. **Barbue :** grand poisson plat assez semblable au turbot.
3. **Cartes de visite :** on remettait sa carte au domestique pour se faire annoncer, pour donner le cas échéant aux occupants des lieux la possibilité de ne pas recevoir le visiteur, et pour laisser en cas d'absence une trace de son passage ; la carte était alors cornée.

rieure.) On sonne !... c'est monsieur... je reconnais sa
main !...

SCÈNE 2. JEAN, PERRICHON,
MADAME PERRICHON, HENRIETTE.

Ils portent des sacs de nuit et des cartons.

PERRICHON. Jean !... c'est nous !

JEAN. Ah ! monsieur !... madame !... mademoiselle !...
Il les débarrasse de leurs paquets.

5 PERRICHON. Ah ! qu'il est doux de rentrer chez soi, de voir
ses meubles, de s'y asseoir.
Il s'assoit sur le canapé.

MADAME PERRICHON, *assise à gauche.* Nous devrions être
de retour depuis huit jours...

10 PERRICHON. Nous ne pouvions passer à Grenoble sans aller
voir les Darinel... ils nous ont retenus... *(À Jean.)* Est-il venu
quelque chose pour moi en mon absence ?

JEAN. Oui, monsieur... tout est là sur la table.

PERRICHON, *prenant des cartes de visite.* Que de visites !
15 *(Lisant.)* Armand Desroches...

HENRIETTE, *avec joie.* Ah !

PERRICHON. Daniel Savary... brave jeune homme !...
Armand Desroches... Daniel Savary... charmant jeune
homme !... Armand Desroches...

20 JEAN. Ces messieurs sont venus tous les jours s'informer de
votre retour.

Madame Perrichon. Tu leur dois une visite.

Perrichon. Certainement j'irai le voir... ce brave Daniel !

Henriette. Et M. Armand ?

25 **Perrichon.** J'irai le voir aussi... après.
Il se lève.

Henriette, *à Jean.* Aidez-moi à porter ces cartons dans la chambre.

Jean. Oui, mademoiselle. *(Regardant Perrichon.)* Je trouve
30 monsieur engraissé. On voit qu'il a fait un bon voyage.

Perrichon. Splendide, mon ami, splendide ! Ah ! tu ne sais pas, j'ai sauvé un homme !

Mme Perrichon (Yvonne Gaudeau), M. Perrichon (Jean Le Poulain)
et Henriette (Marcelline Collard).
Mise en scène de Jean Le Poulain, Comédie-Française, 1982.

JEAN, *incrédule.* Monsieur ?... Allons donc !...
Il sort avec Henriette par la droite.

SCÈNE 3. PERRICHON, MADAME PERRICHON.

PERRICHON. Comment, allons donc ?... Est-il bête, cet animal-là !

MADAME PERRICHON. Maintenant que nous voilà de retour, j'espère que tu vas prendre un parti[1]... Nous ne pou-
5 vons tarder plus longtemps à rendre réponse à ces deux jeunes gens... deux prétendus[2] dans la maison... c'est trop !...

PERRICHON. Moi, je n'ai pas changé d'avis... J'aime mieux Daniel !

MADAME PERRICHON. Pourquoi ?

10 PERRICHON. Je ne sais pas... je le trouve plus... enfin, il me plaît, ce jeune homme !

MADAME PERRICHON. Mais l'autre... l'autre t'a sauvé !

PERRICHON. Il m'a sauvé ! Toujours le même refrain !

MADAME PERRICHON. Qu'as-tu à lui reprocher ? Sa famille
15 est honorable, sa position excellente...

PERRICHON. Mon Dieu, je ne lui reproche rien... je ne lui en veux pas, à ce garçon !

MADAME PERRICHON. Il ne manquerait plus que ça !

---

1. **Un parti** : une décision.
2. **Deux prétendus** : Mme Perrichon veut dire « deux prétendants », ceux qui aspirent à épouser une jeune fille. Le mot « prétendu », vieilli, désignait plutôt un futur parent par alliance, d'où le comique involontaire de cette impropriété.

PERRICHON. Mais je lui trouve un petit air pincé.

20 MADAME PERRICHON. Lui ?

PERRICHON. Oui, il a un ton protecteur... des manières... il semble toujours se prévaloir[1] du petit service qu'il m'a rendu...

MADAME PERRICHON. Il ne t'en parle jamais !

25 PERRICHON. Je le sais bien ! mais c'est son air ! son air me dit : « Hein ! sans moi ?... » C'est agaçant à la longue : tandis que l'autre...

MADAME PERRICHON. L'autre te répète sans cesse : « Hein ! sans vous... hein ! sans vous ? » Cela flatte ta
30 vanité... et voilà... et voilà pourquoi tu le préfères.

PERRICHON. Moi, de la vanité ? J'aurais peut-être le droit d'en avoir !

MADAME PERRICHON. Oh !

PERRICHON. Oui, madame !... l'homme qui a risqué sa vie
35 pour sauver son semblable peut être fier de lui-même... mais j'aime mieux me renfermer dans un silence modeste... signe caractéristique du vrai courage !

MADAME PERRICHON. Mais tout cela n'empêche pas que M. Armand...

40 PERRICHON. Henriette n'aime pas... ne peut pas aimer M. Armand !

MADAME PERRICHON. Qu'en sais-tu ?

PERRICHON. Dame, je suppose...

---

1. **Se prévaloir :** vouloir tirer avantage.

MADAME PERRICHON. Il y a un moyen de le savoir : c'est
45 de l'interroger... et nous choisirons celui qu'elle préférera.

PERRICHON. Soit !... mais ne l'influence pas !

MADAME PERRICHON. La voici.

SCÈNE 4. PERRICHON, MADAME PERRICHON, HENRIETTE.

MADAME PERRICHON, *à sa fille qui entre*. Henriette... ma
chère enfant... ton père et moi, nous avons à te parler
sérieusement.

HENRIETTE. À moi ?

5 PERRICHON. Oui.

MADAME PERRICHON. Te voilà bientôt en âge d'être
mariée... deux jeunes gens se présentent pour obtenir ta
main... tous deux nous conviennent... mais nous ne voulons
pas contrarier ta volonté, et nous avons résolu de te laisser
10 liberté du choix.

HENRIETTE. Comment ?

PERRICHON. Pleine et entière...

MADAME PERRICHON. L'un de ces jeunes gens est
M. Armand Desroches.

15 HENRIETTE. Ah !

PERRICHON, *vivement*. N'influence pas !...

MADAME PERRICHON. L'autre est M. Daniel Savary...

PERRICHON. Un jeune homme charmant, distingué, spiri-
tuel, et qui, je ne le cache pas, a toutes mes sympathies...

20 MADAME PERRICHON. Mais tu influences...

PERRICHON. Du tout ! je constate un fait !... *(À sa fille.)* Maintenant te voilà éclairée... choisis...

HENRIETTE. Mon Dieu !... vous m'embarrassez beaucoup... et je suis prête à accepter celui que vous me désignerez...

25 PERRICHON. Non ! non ! décide toi-même !

MADAME PERRICHON. Parle, mon enfant !

HENRIETTE. Eh bien, puisqu'il faut absolument faire un choix, je choisis... M. Armand.

MADAME PERRICHON. Là !

M. Perrichon (Denis Julien), Henriette (Dominique Vilar)
et Mme Perrichon (Marcelle Demyères). Mise en scène
de Daniel Leveugle et Guy Rétoré. Théâtre de l'Est parisien, 1966.

30 PERRICHON. Armand ! Pourquoi pas Daniel ?

HENRIETTE. Mais M. Armand t'a sauvé, papa.

PERRICHON. Allons, bien ! encore ! c'est fatigant, ma parole d'honneur !

MADAME PERRICHON. Eh bien, tu vois... il n'y a pas à 35 hésiter...

PERRICHON. Ah ! mais permets, chère amie, un père ne peut pas abdiquer[1]... Je réfléchirai, je prendrai mes renseignements.

MADAME PERRICHON, *bas*. Monsieur Perrichon, c'est de la 40 mauvaise foi !

PERRICHON. Caroline !...

---

1. **Abdiquer :** renoncer à régner, d'où, au figuré, abandonner toute autorité, céder, capituler.

Repères

• Comment s'est terminé le voyage des Perrichon, après Chamonix ? Ont-ils encore été suivis par les prétendants ? Citez le texte.
• Quelle information importante Jean donne-t-il au spectateur à la fin de son monologue (sc. 1) ? La transmet-il à Perrichon ?
• Perrichon à la fin de la scène 4 a-t-il pris une décision à propos du mariage d'Henriette ? Pourquoi ?

Observation

• Que révèle le monologue de Jean (sc. 1) : a) sur la manière dont Perrichon gère son ménage ; b) sur l'opinion que le domestique a de son maître ?
• L'interrogation de Jean (« Monsieur ? Allons donc ! ») qui permet la transition entre la scène 2 et la scène 3 flatte-t-elle Perrichon ?
• Combien de fois Henriette est-elle mentionnée dans la scène 3 ? Concluez.
• Quelle est la raison de la préférence de Perrichon (sc. 3) ? La révèle-t-il lui-même ?
• Commentez l'affirmation de Perrichon : « Henriette n'aime pas… ne peut pas aimer M. Armand ! » (sc. 3, l. 40).
• Relevez dans les scènes 3 et 4 des répliques qui se font écho.
• « N'influence pas ! » (sc. 4, l. 16) : pourquoi Perrichon dit-il cela à ce moment précis ?
• Quand la mauvaise foi de Perrichon se transforme-t-elle en non respect de la parole donnée (sc. 4) ?
• Relevez et commentez les répliques d'Henriette (sc. 4). A-t-elle usé du bon argument en disant : « Mais M. Armand t'a sauvé, papa. » (l. 31) ?
• Comment comprenez-vous l'exclamation de Perrichon : « Caroline ! » (sc. 4, l. 41).

INTERPRÉTATIONS

• Comparez les rapports qui existent entre Perrichon et Jean, d'une part, entre Joseph et le Commandant (acte I, sc. 7) d'autre part.
• Avons-nous affaire à des scènes seulement comiques ? Pardonnons-nous à Perrichon aussi facilement qu'à la fin de l'acte II ? Pourquoi ?
• Définissez les rapports de Mme Perrichon avec son mari.

Scène 5. Les Mêmes, Jean, Majorin.

JEAN, *à la cantonade.* Entrez !... ils viennent d'arriver !
Majorin entre.

PERRICHON. Tiens ! c'est Majorin !...

MAJORIN, *saluant.* Madame... mademoiselle... j'ai appris
5 que vous reveniez aujourd'hui... alors j'ai demandé un jour
de congé... j'ai dit que j'étais de garde....

PERRICHON. Ce cher ami ! c'est très aimable... Tu dînes avec
nous ? nous avons une petite barbue...

MAJORIN. Mais... si ce n'est pas indiscret [1]...

10 JEAN, *bas, à Perrichon.* Monsieur... c'est du veau à la
casserole !
Il sort.

PERRICHON. Ah ! *(À Majorin.)* Allons, n'en parlons plus, ce
sera pour une autre fois...

15 MAJORIN, *à part.* Comment ! il me désinvite ? S'il croit que
j'y tiens, à son dîner ! *(Prenant Perrichon à part. Les dames
s'asseyent sur le canapé.)* J'étais venu pour te parler des six
cents francs que tu m'as prêtés le jour de ton départ...

PERRICHON. Tu me les rapportes ?

20 MAJORIN. Non... Je ne touche que demain mon dividende
des paquebots... mais à midi précis [2]...

PERRICHON. Oh ! ça ne presse pas !

MAJORIN. Pardon... j'ai hâte de m'acquitter [3]...

---

1. **Si ce n'est pas indiscret :** ici, si ce n'est pas impoli, si ma présence n'est pas
déplacée.
2. Les noms « midi » et « minuit » sont en effet du masculin.
3. **M'acquitter :** me rendre quitte (de ma dette).

PERRICHON. Ah ! tu ne sais pas !... je t'ai rapporté un
25 souvenir.

MAJORIN. *Il s'assied derrière le guéridon.* Un souvenir ! à
moi ?

PERRICHON, *s'asseyant.* En passant à Genève, j'ai acheté
trois montres... une pour Jean, une pour Marguerite, la cui-
30 sinière... et une pour toi, à répétition[1].

MAJORIN, *à part.* Il me met après ses domestiques ! *(Haut.)*
Enfin ?

PERRICHON. Avant d'arriver à la douane française, je les
avais fourrées dans ma cravate[2]...

35 MAJORIN. Pourquoi ?

PERRICHON. Tiens ! je n'avais pas envie de payer les droits.
On me demande : « Avez-vous quelque chose à déclarer ? »
Je réponds non ; je fais un mouvement et voilà ta diablesse
de montre qui sonne : dig dig dig !

40 MAJORIN. Eh bien ?

PERRICHON. Eh bien, j'ai été pincé... on a tout saisi...

MAJORIN. Comment ?

PERRICHON. J'ai eu une scène atroce ! J'ai appelé le doua-

---

1. **À répétition** : une telle montre pouvait, si on le désirait – il suffisait de
presser sur un bouton –, répéter l'heure, c'est-à-dire compléter l'indication des
aiguilles par un carillon qui sonnait tous les quarts d'heure.
2. Les montres à l'époque n'avaient pas de bracelet ; elles étaient conçues pour
s'accrocher au bout d'une chaîne. Cela explique que trois d'entre elles aient pu
à la rigueur tenir dans la cravate de M. Perrichon.

nier « méchant gabelou[1] ». Il m'a dit que j'entendrais parler
45 de lui... Je regrette beaucoup cet incident... Elle était charmante, ta montre.

MAJORIN, *sèchement.* Je ne t'en remercie pas moins... *(À part.)* Comme s'il ne pouvait pas acquitter les droits... c'est sordide !

SCÈNE 6. LES MÊMES, JEAN, ARMAND.

JEAN, *annonçant.* M. Armand Desroches !

HENRIETTE, *quittant son ouvrage.* Ah !

MADAME PERRICHON, *se levant et allant au-devant d'Armand.* Soyez le bienvenu... nous attendions votre visite...

5 ARMAND, *saluant.* Madame... monsieur Perrichon...

PERRICHON. Enchanté !... enchanté ! *(À part.)* Il a toujours son petit air protecteur !

MADAME PERRICHON, *bas, à son mari.* Présente-le donc à Majorin.

10 PERRICHON. Certainement... *(Haut.)* Majorin... je te présente M. Armand Desroches... une connaissance de voyage....

HENRIETTE, *vivement.* Il a sauvé papa !

PERRICHON, *à part.* Allons, bien !... encore !

MAJORIN. Comment ! tu as couru quelque danger ?

---

1. **Gabelou :** nom autrefois donné aux employés de la gabelle, ce très impopulaire impôt sur le sel que la Révolution a aboli ; le sel était en effet monopole d'État et l'on avait obligation d'en acheter une certaine quantité. L'emploi de ce mot est désormais péjoratif (voir p. 236), comme ici, pour désigner un douanier trop zélé.

15 PERRICHON. Non... une misère...

ARMAND. Cela ne vaut pas la peine d'en parler...

PERRICHON, *à part*. Toujours son petit air !

SCÈNE 7. LES MÊMES, JEAN, DANIEL.

JEAN, *annonçant*. Monsieur Daniel Savary !...

PERRICHON, *s'épanouissant*. Ah ! le voilà, ce cher ami !... ce
bon Daniel !...
Il renverse presque le guéridon en courant au-devant de lui.

5 DANIEL, *saluant*. Mesdames... Bonjour, Armand !

PERRICHON, *le prenant par la main*. Venez, que je vous présente à Majorin... *(Haut.)* Majorin, je te présente un de mes
bons... un de mes meilleurs amis... M. Daniel Savary...

MAJORIN. Savary ? des paquebots ?

10 DANIEL, *saluant*. Moi-même.

PERRICHON. Ah ! sans moi, il ne te payerait pas demain ton
dividende.

MAJORIN. Pourquoi ?

PERRICHON. Pourquoi ? *(Avec fatuité[1].)* Tout simplement
15 parce que je l'ai sauvé, mon bon !

MAJORIN. Toi ? *(À part.)* Ah çà ! ils ont donc passé tout
leur temps à se sauver la vie !

PERRICHON, *racontant*. Nous étions sur la mer de Glace, le
mont Blanc nous regardait, tranquille et majestueux...

---

1. **Fatuité** : vanité.

20 DANIEL, *à part*. Second récit de Théramène !

PERRICHON. Nous suivions tout pensifs un sentier abrupt...

HENRIETTE, *qui a ouvert un journal*. Tiens, papa qui est dans le journal !

PERRICHON. Comment ! je suis dans le journal ?

25 HENRIETTE. Lis toi-même... là...
Elle lui donne le journal.

PERRICHON. Vous allez voir que je suis tombé du jury[1] !
(Lisant.) « On nous écrit de Chamouny... »

TOUS. Tiens !
30 *Ils se rapprochent.*

PERRICHON, *lisant*. « Un événement qui aurait pu avoir des suites déplorables vient d'arriver à la mer de Glace... M. Daniel S... a fait un faux pas et a disparu dans une de ces crevasses si redoutées des voyageurs. Un des témoins de
35 cette scène, M. Perrichon (qu'il nous permette de le nommer)... » *(Parlé.)* Comment donc ! si je le permets ! *(Lisant.)* « M. Perrichon, notable[2] commerçant de Paris et père de famille, n'écoutant que son courage, et au mépris de sa propre vie, s'est élancé dans le gouffre... » *(Parlé.)* C'est vrai !
40 « Et après des efforts inouïs, a été assez heureux pour en retirer son compagnon. Un si admirable dévouement n'a été surpassé que par la modestie de M. Perrichon, qui s'est dérobé aux félicitations de la foule émue et attendrie... Les gens de cœur de tous les pays nous sauront gré de leur signa-
45 ler un pareil trait[3] ! »

---

1. **Je suis tombé du jury :** j'ai été tiré au sort pour faire partie, dans un procès en cour d'assises, des jurés, simples citoyens qui remplissent une fonction judiciaire dans le cadre d'affaires criminelles.
2. **Notable :** bien connu et respectable (le plus souvent cet adjectif est substantivé : un notable).
3. **Trait :** action d'éclat.

TOUS. Ah !

DANIEL, *à part.* Trois francs la ligne !

PERRICHON, *relisant lentement la dernière phrase.* « Les gens de cœur de tous les pays nous sauront gré de leur signa-
50 ler un pareil trait. » *(À Daniel, très ému.)* Mon ami... mon enfant ! embrassez-moi !
Ils s'embrassent.

DANIEL, *à part.* Décidément, j'ai la corde...

PERRICHON, *montrant le journal.* Certes, je ne suis pas un
55 révolutionnaire, mais, je le proclame hautement, la presse a du bon ! *(Mettant le journal dans sa poche et à part.)* J'en ferai acheter dix numéros !

MADAME PERRICHON. Dis donc, mon ami, si nous envoyions au journal le récit de la belle action de
60 M. Armand ?

HENRIETTE. Oh ! oui ! cela ferait un joli pendant[1] !

PERRICHON, *vivement.* C'est inutile ! je ne peux pas tou-jours occuper les journaux de ma personnalité...

JEAN, *entrant un papier à la main.* Monsieur...

65 PERRICHON. Quoi ?

JEAN. Le concierge vient de me remettre un papier timbré[2] pour vous.

MADAME PERRICHON. Un papier timbré ?

---

1. **Un joli pendant :** un article semblable mais en quelque sorte symétrique puisque Perrichon n'y jouerait plus le rôle du sauveteur, mais de celui qui est secouru...
2. **Papier timbré :** papier où un huissier dresse des actes officiels.

PERRICHON. N'aie donc pas peur ! je ne dois rien à per-
70 sonne... au contraire, on me doit...

MAJORIN, *à part.* C'est pour moi qu'il dit ça !

PERRICHON, *regardant le papier.* Une assignation à comparaître devant la sixième chambre[1] pour injures envers un
agent de la force publique dans l'exercice de ses fonctions.

75 TOUS. Ah ! mon Dieu !

PERRICHON, *lisant.* Vu le procès-verbal dressé au bureau de
la douane française par le sieur Machut, sergent douanier[2]...
Majorin remonte.

ARMAND. Qu'est-ce que cela signifie ?

80 PERRICHON. Un douanier qui m'a saisi trois montres... j'ai
été trop vif... je l'ai appelé « gabelou ! rebut de
l'humanité !... »

MAJORIN, *derrière le guéridon.* C'est très grave ! très grave !

PERRICHON, *inquiet.* Quoi ?

85 MAJORIN. Injures qualifiées[3] envers un agent de la force
publique dans l'exercice de ses fonctions.

MADAME PERRICHON et PERRICHON. Eh bien ?

MAJORIN. De quinze jours à trois mois de prison...

---

1. **Assignation ... chambre** : convocation valant ordre à se présenter devant
un tribunal. La sixième chambre est une chambre correctionnelle qui réprime
les délits comme l'« outrage à agent » invoqué ici.
2. **Sergent douanier** : ni les douaniers ni les policiers ne sont des militaires. Le
mot « sergent » qui ne désigne plus aujourd'hui qu'un grade militaire (du latin
serviens, -entis, « celui qui sert »), s'appliquait autrefois aux agents de diverses
administrations, comme les « sergents de ville » devenus nos gardiens de la paix.
3. **Qualifiées** : se dit d'un délit accompagné de circonstances aggravantes, et
considéré dès lors comme un crime.

TOUS. En prison !...

90 PERRICHON. Moi ! après cinquante ans d'une vie pure et sans tache... j'irais m'asseoir sur le banc de l'infamie[1] ? jamais ! jamais !

MAJORIN, *à part.* C'est bien fait ! ça lui apprendra à ne pas acquitter les droits !

95 PERRICHON. Ah ! mes amis, mon avenir est brisé.

MADAME PERRICHON. Voyons, calme-toi !

HENRIETTE. Papa !

DANIEL. Du courage !

ARMAND. Attendez ! je puis peut-être vous tirer de là.

100 TOUS. Hein ?

PERRICHON. Vous ! mon ami... mon bon ami !

ARMAND, *allant à lui.* Je suis lié assez intimement avec un employé supérieur de l'administration des douanes... je vais le voir... peut-être pourra-t-on décider le douanier à retirer 105 sa plainte.

MAJORIN. Ça me paraît difficile !

ARMAND. Pourquoi ? un moment de vivacité...

PERRICHON. Que je regrette !

ARMAND. Donnez-moi ce papier... j'ai bon espoir... ne vous 110 tourmentez pas, mon brave monsieur Perrichon !

PERRICHON, *ému, lui prenant la main.* Ah ! Daniel ! *(Se reprenant[2])* non, Armand ! tenez, il faut que je vous

---

1. **Banc de l'infamie :** banc des accusés. Être infâme, c'est être déshonoré, avoir perdu sa bonne réputation.
2. **Se reprenant :** se corrigeant.

embrasse !
Ils s'embrassent.

115 Henriette, *à part.* À la bonne heure !
Elle remonte avec sa mère.

Armand, *bas à Daniel.* À mon tour, j'ai la corde !

Daniel. Parbleu ! *(À part.)* Je crois avoir affaire à un rival
et je tombe sur un terre-neuve[1].

120 Majorin, *à Armand.* Je sors avec vous.

Perrichon. Tu nous quittes ?

Majorin. Oui... *(fièrement)* Je dîne en ville !
Il sort avec Armand.

Madame Perrichon, *s'approchant de son mari et bas.* Eh
125 bien, que penses-tu maintenant de M. Armand ?

Perrichon. Lui ? c'est-à-dire que c'est un ange ! un ange !

Madame Perrichon. Et tu hésites à lui donner ta fille ?

Perrichon. Non, je n'hésite plus.

Madame Perrichon. Enfin, je te retrouve ! Il ne te reste
130 plus qu'à prévenir M. Daniel.

Perrichon. Oh ! ce pauvre garçon ! tu crois ?

Madame Perrichon. Dame, à moins que tu ne veuilles
attendre l'envoi des billets de faire-part ?

Perrichon. Oh non !

135 Madame Perrichon. Je te laisse avec lui... courage !
(Haut.) Viens-tu, Henriette ? *(Saluant Daniel.)* Monsieur...
Elle sort par la droite, suivie d'Henriette.

---

1. **Terre-neuve** : chien spécialisé dans les sauvetages, en particulier en mer.

Repères

• On a dit que Labiche aurait pu se passer du personnage de Majorin. Montrez que la seule utilité de sa présence à la scène 5 est d'interrompre la scène 4 et de préparer la scène 7.

• Nous sommes dans un monde clos : quel (vague) rapport existe-t-il entre Majorin et un des prétendants d'Henriette ?

Observation

• Relevez dans ces trois scènes les répliques dans lesquelles Majorin révèle son opinion de Perrichon. Montrez qu'elle se rapproche de celle de Jean. Relevez dans la scène 7 les remarques alarmistes qu'il prend plaisir à multiplier.

• Relevez les répliques dans lesquelles Perrichon en arrive à froisser Majorin. Est-ce volontaire ? Pourquoi Perrichon prend-il la peine d'annoncer à Majorin qu'il lui a rapporté un souvenir si l'objet a été saisi ?

• Dès l'arrivée d'Armand, Perrichon se montre discourtois : montrez-le. Comparez avec : a) l'attitude de Mme Perrichon ; b) l'accueil réservé à Daniel.

• Quand sait-on sans ambiguïté possible que l'auteur de l'article n'est autre que Daniel ? Quels éléments du texte permettaient de s'en douter ? Montrez à l'aide de citations que la version des faits ne peut que satisfaire Perrichon.

• Pourquoi le moment où Jean entre avec le « papier timbré » est-il bien choisi ? Pour quelle raison Perrichon, en contradiction avec lui-même, accepte-t-il l'aide d'Armand ? Comparez la manière dont Perrichon s'adresse à Armand dans la scène 6 et dans la scène 7.

• Commentez la réplique de Perrichon (sc. 7, l. 95) : « Ah ! mes amis, mon avenir est brisé. »

• Que reproche Mme Perrichon à son mari quand elle lui dit : « Dame [...] faire-part ? » (sc. 7, l. 132) ?

Interprétations

• Quel intérêt présente l'article de journal par rapport au « second récit de Théramène » que Perrichon entamait (sc. 7) ?

• Connaissant Perrichon, est-on sûr qu'Armand ait repris l'avantage à la fin de la scène 7 ?

SCÈNE 8. PERRICHON, DANIEL.

DANIEL, *à part, en descendant.* Il est évident que mes actions baissent[1]... Si je pouvais...
Il va au canapé.

PERRICHON, *à part, au fond.* Ce brave jeune homme... ça
5 me fait de la peine... Allons, il le faut ! *(Haut.)* Mon cher Daniel... mon bon Daniel... j'ai une communication pénible à vous faire.

DANIEL, *à part.* Nous y voilà !
Ils s'asseyent sur le canapé.

10 PERRICHON. Vous m'avez fait l'honneur de me demander la main de ma fille... Je caressais ce projet[2], mais les circonstances... les événements... votre ami, M. Armand, m'a rendu de tels services...

DANIEL. Je comprends.

15 PERRICHON. Car on a beau dire, il m'a sauvé la vie, cet homme !

DANIEL. Eh bien, et le petit sapin auquel vous vous êtes cramponné ?

PERRICHON. Certainement... le petit sapin... mais il était
20 bien petit... il pouvait casser... et puis je ne le tenais pas encore.

DANIEL. Ah !

---

1. **Mes actions baissent :** Métaphore (voir p. 235). Daniel établit un parallèle entre sa position auprès de Perrichon et la valeur en Bourse des actions d'une société (voir note 1 p. 38). De nos jours, on dirait familièrement qu'« il n'a plus la cote ».
2. **Je caressais ce projet :** je voyais ce projet d'un œil favorable, je l'entretenais (langage soutenu).

PERRICHON. Non... mais ce n'est pas tout... dans ce moment, cet excellent jeune homme brûle le pavé[1] pour me
25 tirer des cachots... Je lui devrai l'honneur... l'honneur !

DANIEL. Monsieur Perrichon, le sentiment qui vous fait agir est trop noble pour que je cherche à le combattre...

PERRICHON. Vrai ! vous ne m'en voulez pas ?

DANIEL. Je ne me souviens que de votre courage... de votre
30 dévouement pour moi...

PERRICHON, *lui prenant la main*. Ah ! Daniel ! *(À part.)* C'est étonnant comme j'aime ce garçon-là !

DANIEL, *se levant*. Aussi, avant de partir...

PERRICHON. Hein ?

35 DANIEL. Avant de vous quitter...

PERRICHON, *se levant*. Comment ! me quitter ? vous ? Et pourquoi ?

DANIEL. Je ne puis continuer des visites qui seraient compromettantes[2] pour mademoiselle votre fille... et douloureuses
40 pour moi.

PERRICHON. Allons, bien ! Le seul homme que j'aie sauvé !

DANIEL. Oh ! mais votre image ne me quittera pas !... j'ai formé un projet... c'est de fixer sur la toile, comme elle l'est déjà dans mon cœur, l'héroïque scène de la mer de Glace.

45 PERRICHON. Un tableau ! Il veut me mettre dans un tableau !

---

1. **Brûle le pavé** : parcourt les rues en toute hâte et en tous sens, multiplie les démarches.
2. **Qui seraient compromettantes** : qui la mettraient dans une situation délicate en entachant sa réputation.

DANIEL. Je me suis déjà adressé à un de nos peintres les plus illustres... un de ceux qui travaillent pour la postérité[1] !...

PERRICHON. La postérité ! Ah ! Daniel ! *(À part.)* C'est
50 extraordinaire comme j'aime ce garçon-là !

DANIEL. Je tiens surtout à la ressemblance...

PERRICHON. Je crois bien ! moi aussi !

DANIEL. Mais il sera nécessaire que vous nous donniez cinq ou six séances...

55 PERRICHON. Comment donc, mon ami ! quinze ! vingt ! trente ! ça ne m'ennuiera pas... nous poserons ensemble !

DANIEL, *vivement.* Ah ! non... pas moi !

PERRICHON. Pourquoi ?

DANIEL. Parce que... voici comment nous avons conçu le
60 tableau... on ne verra sur la toile que le mont Blanc...

PERRICHON, *inquiet.* Eh bien, et moi ?

DANIEL. Le mont Blanc et vous !

PERRICHON. C'est ça... moi et le mont Blanc... tranquille et majestueux !... Ah çà ! et vous, où serez-vous ?

65 DANIEL. Dans le trou... tout au fond... on n'apercevra que mes deux mains crispées et suppliantes...

PERRICHON. Quel magnifique tableau !

DANIEL. Nous le mettrons au musée...

PERRICHON. De Versailles[2] ?

---

1. **La postérité :** les générations futures. Il s'agit donc d'un peintre qui ne tombera pas dans l'oubli.
2. **Versailles :** c'est sous Louis-Philippe que fut décidée la transformation du château en un musée dédié « à toutes les gloires de la France » !

Daniel (Damien Dodane) et M. Perrichon (Bernard Kordylas),
mise en scène de Pierre Louis, Centre d'Animation du Haut-Doubs, 1994.

70 DANIEL. Non, de Paris...

PERRICHON. Ah ! oui !... à l'Exposition[1] !...

DANIEL. Et nous inscrirons sur le livret cette notice[2]...

---

1. **L'Exposition :** le public donnait ce nom au Salon de peinture organisé alors deux fois l'an par l'Académie, où seuls étaient exposés les artistes agréés par un jury choisi par le gouvernement, d'où un conformisme étroit, reflet du goût officiel. Courbet, Manet figurent parmi les « refusés » célèbres.
2. Le livret désigne le catalogue des objets ou tableaux exposés. Celui du Salon fut souvent rédigé par des écrivains (Gautier, Mérimée, Baudelaire, etc.). La notice est un texte explicatif consacré à chacun des tableaux.

PERRICHON. Non ! pas de banque[1] ! pas de réclame ! Nous mettrons tout simplement l'article de mon journal... « On 75 nous écrit de Chamouny... »

DANIEL. C'est un peu sec.

PERRICHON. Oui... mais nous l'arrangerons ! *(Avec effusion[2].)* Ah ! Daniel, mon ami !... mon enfant !

DANIEL. Adieu, monsieur Perrichon !... nous ne devons plus 80 nous revoir...

PERRICHON. Non ! c'est impossible ! ce mariage... rien n'est encore décidé...

DANIEL. Mais...

PERRICHON. Restez ! je le veux !

85 DANIEL, *à part.* Allons donc !

---

1. **Banque :** dans la langue populaire, ce mot désignait les boniments (nous dirions familièrement « le baratin ») des bateleurs cherchant à attirer le chaland devant leur étalage ou leur estrade (*banco*, en italien). À rapprocher du mot « saltimbanque » qui signifie étymologiquement « celui qui danse sur une estrade ».
2. **Effusion :** manifestation de marques d'affection plus ou moins exagérées.

Repères
• Établissez le plan de cette scène.
• Définissez le débat intérieur qui agite Perrichon. Quel est l'argument qui lui paraît décisif en faveur d'Armand ?

Observation

Un moment touchant...
• Montrez que Labiche fait ici la parodie (voir p. 236) d'une scène de séparation entre amoureux et que Daniel semblait résigné à la « rupture ».
• À quoi voit-on que Perrichon est sincèrement attaché à Daniel ?
• Comment celui-ci réagit-il ? Comment manipule-t-il Perrichon ?

... amusant...
• Le comique réside ici surtout dans les mots et dans les caractères. Montrez-le, en étudiant en particulier le jeu sur les pronoms personnels et la manière dont Daniel imite la « rhétorique » (manière de discourir) de Perrichon.

... et révélateur
• Comment interprétez-vous la dernière réplique de Daniel : « Allons donc ! » (l. 85) ?

Interprétations

• Comment appelle-t-on au théâtre un épisode tel que celui-ci ? Est-il dû au hasard ?
• Le spectateur est désormais fixé sur ce dont Daniel est capable. Le personnage est-il totalement cynique ? Justifiez votre réponse.
• Le spectateur prend-il désormais parti pour l'un des deux prétendants ? Pourquoi ?

SCÈNE 9. LES MÊMES, JEAN, LE COMMANDANT.

JEAN, *annonçant.* M. le commandant Mathieu !

PERRICHON, *étonné.* Qu'est-ce que c'est que ça ?

LE COMMANDANT, *entrant.* Pardon, messieurs, je vous dérange peut-être ?

5 PERRICHON. Du tout.

LE COMMANDANT, *à Daniel.* Est-ce à monsieur Perrichon que j'ai l'honneur de parler ?

PERRICHON. C'est moi, monsieur.

LE COMMANDANT. Ah !... *(À Perrichon.)* Monsieur, voilà
10 douze jours que je vous cherche. Il y a beaucoup de Perrichon à Paris... j'en ai déjà visité une douzaine... mais je suis tenace...

PERRICHON, *lui indiquant un siège à gauche du guéridon.* Vous avez quelque chose à me communiquer ?
15 *Il s'assied sur le canapé. Daniel remonte.*

LE COMMANDANT, *s'asseyant.* Je n'en sais rien encore... Permettez-moi d'abord de vous adresser une question : Est-ce vous qui avez fait, il y a un mois, un voyage à la mer de Glace ?

20 PERRICHON. Oui, monsieur, c'est moi-même ! je crois avoir le droit de m'en vanter !

LE COMMANDANT. Alors, c'est vous qui avez écrit sur le registre des voyageurs : « Le commandant est un paltoquet. »

PERRICHON. Comment ! vous êtes... ?

25 LE COMMANDANT. Oui, monsieur... c'est moi !

Le Commandant (Jacques Eyser) et Perrichon (Jacques Charron).
Mise en scène de Jacques Charron,
Comédie-Française, 1966.

PERRICHON. Enchanté !
Ils se font plusieurs petits saluts.

DANIEL, *à part, en descendant.* Diable ! l'horizon
s'obscurcit !

30 LE COMMANDANT. Monsieur, je ne suis ni querelleur ni ferrailleur[1], mais je n'aime pas à laisser traîner sur les livres
d'auberge de pareilles appréciations à côté de mon nom...

PERRICHON. Mais vous avez écrit le premier une note... plus
que vive !

35 LE COMMANDANT. Moi ? je me suis borné à constater que
mer de Glace ne prenait pas d'*e* à la fin : voyez le
dictionnaire...

PERRICHON. Eh ! monsieur, vous n'êtes pas chargé de cor-
riger mes... prétendues fautes d'orthographe ! De quoi vous
40 mêlez-vous ?
Ils se lèvent.

LE COMMANDANT. Pardon !... pour moi, la langue française est une compatriote aimée... une dame de bonne maison, élégante, mais un peu cruelle... vous le savez mieux que
45 personne.

PERRICHON. Moi ?...

LE COMMANDANT. Et, quand j'ai l'honneur de la rencontrer à l'étranger[2]... je ne permets pas qu'on éclabousse sa
robe. C'est une question de chevalerie et de nationalité.

---

1. **Ferrailleur** : celui qui aime à croiser le fer (« ferrailler »), se battre en duel
sous le moindre prétexte.
2. **À l'étranger** : le duché de Savoie était une province du royaume italien de
Piémont-Sardaigne. Annexé par l'Assemblée constituante en 1792, il dut être rendu
à l'État piémontais en 1815. Au moment de la création de la pièce, la Savoie et le
comté de Nice viennent (mars 1860) d'être cédés à la France par Victor-Emmanuel
II en échange de la contribution de Napoléon III à l'unité italienne.

50 PERRICHON. Ah ça ! monsieur, auriez-vous la prétention de me donner une leçon ?

LE COMMANDANT. Loin de moi cette pensée...

PERRICHON. Ah ! ce n'est pas malheureux ! *(À part.)* Il recule.

55 LE COMMANDANT. Mais, sans vouloir vous donner une leçon, je viens vous demander poliment... une explication.

PERRICHON, *à part.* Mathieu !... c'est un faux commandant.

LE COMMANDANT. De deux choses l'une : ou vous persistez...

60 PERRICHON. Je n'ai pas besoin de tous ces raisonnements [1]. Vous croyez peut-être m'intimider ? Monsieur... j'ai fait mes preuves de courage, entendez-vous ! et je vous les ferai voir...

LE COMMANDANT. Où ça ?

PERRICHON. À l'Exposition... l'année prochaine...

65 LE COMMANDANT. Oh ! permettez !... Il me sera impossible d'attendre jusque-là... Pour abréger, je vais au fait : retirez-vous, oui ou non... ?

PERRICHON. Rien du tout !

LE COMMANDANT. Prenez garde !

70 DANIEL. Monsieur Perrichon !

PERRICHON. Rien du tout ! *(À part.)* Il n'a pas seulement de moustaches !

LE COMMANDANT. Alors, monsieur Perrichon, j'aurai

---

1. **Raisonnements :** arguments, explications.

l'honneur de vous attendre demain, à midi, avec mes
75 témoins[1], dans les bois de la Malmaison[2]...

DANIEL. Commandant, un mot !

LE COMMANDANT, *remontant.* Nous vous attendrons chez
le garde !

DANIEL. Mais, commandant...

80 LE COMMANDANT. Mille pardons... j'ai rendez-vous avec
un tapissier pour choisir des étoffes, des meubles... À
demain... midi... *(Saluant.)* Messieurs... j'ai bien l'honneur[3]...
Il sort.

SCÈNE 10. PERRICHON, DANIEL, *puis* JEAN.

DANIEL, *à Perrichon.* Diable ! vous êtes raide en affaires !
avec un commandant surtout !

PERRICHON. Lui ! un commandant ? Allons donc ! Est-ce
que les vrais commandants s'amusent à éplucher les fautes
5 d'orthographe ?

DANIEL. N'importe ! Il faut questionner, s'informer... *(Il
sonne à la cheminée.)*, savoir à qui nous avons affaire.

JEAN, *paraissant.* Monsieur ?

---

1. **Avec mes témoins** : le commandant provoque Perrichon en duel. Chacun
des adversaires doit être accompagné de deux témoins qui sont garants de la
régularité du combat.
2. **Les bois de la Malmaison** : le duel, pratique interdite depuis Richelieu (édits
de 1617 et 1627), ne peut se dérouler en plein Paris. Le château de la
Malmaison, à 13 km à l'ouest de Paris, avait été occupé par Napoléon Ier et
l'impératrice Joséphine. Labiche a passé son enfance à côté, à Rueil.
3. **J'ai bien l'honneur** : sous-entendu, de vous saluer.

PERRICHON, *à Jean.* Pourquoi as-tu laissé entrer cet homme
10 qui sort d'ici ?

JEAN. Monsieur, il était déjà venu ce matin… J'ai même
oublié de vous remettre sa carte…

DANIEL. Ah ! sa carte !

PERRICHON. Donne ! *(La lisant.)* Mathieu, ex-commandant
15 au 2ᵉ zouaves[1].

DANIEL. Un zouave !

PERRICHON. Saprelotte[2] !

JEAN. Quoi donc ?

PERRICHON. Rien ! Laissez-nous !
20 *Jean sort.*

DANIEL. Eh bien, vous voilà dans une jolie situation !

PERRICHON. Que voulez-vous ! j'ai été trop vif… Un homme
si poli !… Je l'ai pris pour un notaire gradé[3] !

DANIEL. Que faire ?

25 PERRICHON. Il faudrait trouver un moyen… *(Poussant un
cri.)* Ah !…

DANIEL. Quoi ?

PERRICHON. Rien ! rien ! Il n'y a pas de moyen ! je l'ai
insulté, je me battrai !… Adieu !…

---

1. **2ᵉ zouaves** : 2ᵉ des trois bataillons du régiment de zouaves, troupes d'élite
composées, à l'origine, à la fois d'Européens et d'Africains du Nord, connues
pour leur bravoure, voire leur cruauté. M. Perrichon a de quoi s'inquiéter…
2. **Saprelotte** : ou « saperlotte », « saperlipopette », juron vieilli et affaibli,
déformation de « sapristi » qui est lui-même une altération du mot « sacré ».
3. **Notaire gradé** : un notaire qui, en bon bourgeois, sert dans la Garde
nationale et a donc un grade… ce qui ne signifie pas qu'il soit courageux ! La
Garde nationale était, en effet, l'objet de constantes moqueries.

30 DANIEL. Où allez-vous ?

PERRICHON. Mettre   mes   affaires   en   ordre[1]... vous comprenez...

DANIEL. Mais cependant...

PERRICHON. Daniel... quand sonnera l'heure du danger,
35 vous ne me verrez pas faiblir !
Il sort par la droite.

SCÈNE 11.

DANIEL, *seul.* Allons donc !... c'est impossible !... je ne peux pas laisser M. Perrichon se battre avec un zouave !... c'est qu'il a du cœur, le beau-père !... je le connais, il ne fera pas de concessions... De son côté, le commandant... et tout cela
5 pour une faute d'orthographe ! *(Cherchant.)* Voyons donc !... si je prévenais l'autorité[2] ? oh ! non !... au fait, pourquoi pas ? personne ne le saura. D'ailleurs, je n'ai pas le choix des moyens... *(Il prend un buvard et un encrier sur une table, près de la porte d'entrée, et se place au guéridon.)* Une lettre
10 au préfet de police[3]... *(Écrivant.)* « Monsieur le préfet... j'ai l'honneur de... » *(Parlant tout en écrivant.)* Une ronde passera par là à point nommé... le hasard aura tout fait... et l'honneur sera sauf. *(Il plie et cachette sa lettre et remet en place ce qu'il a pris.)* Maintenant, il s'agit de la faire porter
15 tout de suite... Jean doit être là ! *(Il sort en appelant.)* Jean ! Jean !

---

1. **Mettre mes affaires en ordre** : prendre des dispositions testamentaires, en cas de décès...
2. **L'autorité** : nous dirions plutôt « les autorités ».
3. **Préfet de police** : à Paris, haut fonctionnaire chargé de l'ordre public.

Il disparaît dans l'antichambre[1].

SCÈNE 12.

PERRICHON, *seul. Il entre en tenant une lettre à la main. Il la lit.* « Monsieur le préfet, je crois devoir prévenir l'autorité que deux insensés ont l'intention de croiser le fer demain, à midi moins un quart... » *(Parlé.)* Je mets moins un quart afin 5 qu'on soit exact. Il suffit quelquefois d'un quart d'heure !... *(Reprenant sa lecture.)* « À midi moins un quart... dans les bois de la Malmaison. Le rendez-vous est à la porte du garde... Il appartient à votre haute administration de veiller sur la vie des citoyens. Un des combattants est un ancien 10 commerçant, père de famille, dévoué à nos institutions et jouissant d'une bonne notoriété[2] dans son quartier. Veuillez agréer, monsieur le préfet, etc. » S'il croit me faire peur, ce commandant !... Maintenant l'adresse... *(Il écrit.)* « Très pressé, communication importante... » Comme ça, ça arrivera... 15 Où est Jean ?

SCÈNE 13. PERRICHON, DANIEL, *puis* MADAME PERRICHON, HENRIETTE *puis* JEAN.

DANIEL, *entrant par le fond, sa lettre à la main.* Impossible de trouver ce domestique. *(Apercevant Perrichon.)* Oh ! *Il cache sa lettre.*

---

1. **Antichambre :** dans les grands appartements, pièce où les visiteurs attendent d'être reçus.
2. **Jouissant d'une bonne notoriété :** honorablement connu, ayant bonne réputation.

PERRICHON. Daniel !

5 *Il cache aussi sa lettre.*

DANIEL. Eh bien, monsieur Perrichon ?

PERRICHON. Vous voyez... je suis calme... comme le bronze ! *(Apercevant sa femme et sa fille.)* Ma femme, silence !

10 *Il descend.*

MADAME PERRICHON, *à son mari*. Mon ami, le maître de piano d'Henriette vient de nous envoyer des billets de concert pour demain... midi...

PERRICHON, *à part*. Midi !

15 HENRIETTE. C'est à son bénéfice, tu nous accompagneras ?

PERRICHON. Impossible ! demain, ma journée est prise !

MADAME PERRICHON. Mais tu n'as rien à faire...

PERRICHON. Si, j'ai une affaire... très importante... demande à Daniel...

20 DANIEL. Très importante !

MADAME PERRICHON. Quel air sérieux ! *(À son mari.)* Tu as la figure longue d'une aune[1], on dirait que tu as peur.

PERRICHON. Moi ? peur ! On me verra sur le terrain !

DANIEL, *à part*. Aïe !

25 MADAME PERRICHON. Le terrain !

PERRICHON, *à part*. Sapristi ! ça m'a échappé !

HENRIETTE, *courant à lui*. Un duel ! papa !

---

1. **Aune** : ancienne mesure de longueur, utilisée surtout pour les étoffes.

PERRICHON. Eh bien, oui, mon enfant, je ne voulais pas te le dire, ça m'a échappé, ton père se bat !...

30 MADAME PERRICHON. Mais avec qui ?

PERRICHON. Avec un commandant au 2e zouaves.

MADAME PERRICHON et HENRIETTE, *effrayées*. Ah ! grand Dieu !

PERRICHON. Demain, à midi, dans le bois de la Malmaison, 35 à la porte du garde.

MADAME PERRICHON, *allant à lui*. Mais tu es fou... toi ! un bourgeois !

PERRICHON. Madame Perrichon, je blâme le duel... mais il y a des circonstances où l'homme se doit à son honneur ! *(À 40 part, montrant sa lettre.)* Où est donc Jean ?

MADAME PERRICHON, *à part*. Non, c'est impossible ! je ne souffrirai pas[1]... *(Elle va à la table au fond et écrit à part.)* « Monsieur le préfet de police... »

JEAN, *paraissant*. Le dîner est servi.

45 PERRICHON, *s'approchant de Jean et bas*. Cette lettre à son adresse... c'est très pressé !
Il s'éloigne.

DANIEL, *bas, à Jean*. Cette lettre à son adresse... c'est très pressé !
50 *Il s'éloigne.*

MADAME PERRICHON, *bas, à Jean*. Cette lettre à son adresse... c'est très pressé !

PERRICHON. Allons, à table !

---

1. **Je ne souffrirai pas :** je ne supporterai pas.

HENRIETTE, *à part*. Je vais faire prévenir M. Armand.
55 *Elle entre à droite.*

MADAME PERRICHON, *à Jean, avant de sortir*. Chut !

DANIEL, *de même*. Chut !

PERRICHON, *de même*. Chut !
Ils disparaissent tous les trois.

60 JEAN, *seul*. Quel est ce mystère ? *(Lisant l'adresse des trois lettres.)* « Monsieur le préfet... Monsieur le préfet... Monsieur le préfet... » *(Étonné, et avec joie.)* Tiens ! il n'y a qu'une course !

REPÈRES

• En quoi le duel qui s'annonce est-il un « test » pour Perrichon ?
• Pourquoi Labiche termine-t-il la scène 9 par une note « frivole » (le rendez-vous du Commandant pour choisir des étoffes) ? Qu'apprend-on ainsi sur les suites de la « rupture » du Commandant et d'Anita ?
• Comment interprétez-vous le « Ah ! » de Perrichon à la ligne 26 de la scène 10 ? Pourquoi se donne-t-il le luxe de prédire à Daniel : « [...] vous ne me verrez pas faiblir » (l. 35) ?

OBSERVATION

Perrichon à l'épreuve
• Quelles sont les premières réactions de Perrichon face au Commandant ? Commentez son exclamation : « Qu'est-ce que c'est que ça ? » (sc. 9, l. 2) ?
• À l'amour-propre de Perrichon s'oppose l'ironie du Commandant : montrez-le.
• Perrichon est-il toujours habile dans ses réponses ? Pourquoi s'entête-t-il à ne pas retirer son insulte ?
• En quoi sa réflexion : « Mathieu !... c'est un faux commandant. » (sc. 9, l. 57) est-elle comique ?
• Daniel, lui, s'est-il mépris sur le militaire ? Que tente-t-il de faire ? Comment son affolement se manifeste-t-il ? Quels sont ses différents sentiments envers Perrichon ? Analysez ses répliques dans la scène 9 et son monologue dans la scène 10. Quelle décision prend-il ?
• Quand Perrichon se rend-il compte de son erreur ? Le spectateur était-il au courant de l'oubli de Jean ?
• Sur quoi repose le comique du passage : « [...] j'ai fait mes preuves de courage [...] l'année prochaine... » (sc. 9, l. 61 à 64) ?

Les bons esprits se rencontrent
• Comment Perrichon met-il sa famille au courant du duel (sc. 13) ? Comment appelle-t-on un tel dérapage verbal ?

• Montrez que Mme Perrichon réagit comme à la scène 3 de l'acte II aux témérités de son mari. Pouvez-vous imaginer quelle lettre elle écrit ? Quelle initiative Henriette, quant à elle, prend-elle discrètement ? Pourquoi ?

• Analysez les éléments comiques de la scène 13. Pourquoi Jean renonce-t-il à comprendre le comportement mystérieux de tous ces « conspirateurs » ?

INTERPRÉTATIONS

• En quoi les monologues de la fin : a) se complètent-ils (informations données au spectateur) ? b) sont-ils conformes à la personnalité, aux modes d'action et aux intérêts de chacun des personnages ?

Un titre mal choisi ?

Loin des règles du théâtre classique, Labiche introduit un nouvel hiatus de temps (un mois) et de lieu (plusieurs centaines de kilomètres) entre la fin de l'acte II et le début de l'acte III : nous voilà revenus à Paris, et le « voyage » est déjà terminé, alors que l'on aborde seulement la seconde moitié de la pièce. Le titre de la comédie est pourtant parfaitement justifié : Perrichon va dans cet acte subir encore les retombées de son voyage, la continuité avec l'acte précédent est assurée, comme en témoigne la permanence de certains thèmes (en particulier, celui du sauvetage : « Je crois avoir affaire à un rival, et je tombe sur un terre-neuve », dira Daniel à propos d'Armand), et l'action n'est pas interrompue malgré le décalage de temps et de lieu : Daniel et Armand, dont la rivalité continue, ont « gardé le contact » avec les Perrichon (leurs nombreuses cartes de visite attendent la famille sur la table du salon), tandis que le Commandant, tenace, est sur la trace de Perrichon qu'il va bien finir par retrouver...

L'action : tout se complique

En effet, nous sommes au théâtre : tant que le rideau n'est pas tombé, il ne saurait y avoir de retour à l'équilibre. Le spectateur pressent donc que le plaisir non dissimulé avec lequel la famille retrouve le confort de son appartement ne peut être que de courte durée. Ce retour au bercail est donc surtout un retour à la réalité : des épreuves attendent Perrichon, nées des bêtises qu'il a commises en voyage : une note sur le livre des voyageurs et une tentative de fraude à la douane. Grâce à Armand, Perrichon va se soustraire à une des deux épreuves, mais pas à l'autre, et il lui faut trouver le moyen d'éviter un duel qui menace de tourner au massacre, tout en faisant mine d'affronter courageusement la situation. Pendant ce temps, la question du mariage d'Henriette reste en suspens, Perrichon n'arrivant pas à prendre un parti entre ce que la raison lui commande (la reconnaissance due à Armand), et ce que son cœur lui conseille (sa préférence pour Daniel, née des manœuvres de celui-ci). Il faudra attendre l'acte IV pour que la synthèse se fasse et que les deux questions trouvent une solution conjointe.

Les personnages : Perrichon, en première ligne

Labiche en attendant n'épargne pas Perrichon. Outre qu'il fait pleuvoir sur lui toutes les épreuves, il en décortique la personnalité et les défauts avec une minutie impitoyable. Dénoncés par certains personnages (sa mauvaise foi et sa vanité lui sont reprochées par Mme Perrichon à la scène 3, Majorin relève sa mesquinerie à la scène 5), ces défauts se révèlent également à la faveur des situations : le gentil Armand fait les frais de l'ingratitude de Perrichon (scène 6), mais s'obstine à le sauver (scène 7) ; pour refaire son handicap, Daniel encourage alors facilement sa vanité (scène 8), tandis que l'épisode du Commandant montre les limites de sa bravoure (scènes 10 et 12). Insensiblement, le portrait des autres personnages se complète, et la pièce bascule du vaudeville dans la comédie de mœurs, malgré le rythme encore très soutenu de l'action et les nombreuses péripéties introduites par l'auteur.

ACTE IV

Un jardin. Bancs, chaises, table rustique ; à droite, un pavillon praticable[1].

SCÈNE PREMIÈRE. DANIEL, *puis* PERRICHON.

DANIEL, *entrant par le fond à gauche.* Dix heures ! le rendez-vous n'est que pour midi. *(Il s'approche du pavillon et fait signe.)* Psit ! psit !

PERRICHON, *passant la tête à la porte du pavillon.* Ah ! c'est
5 vous... ne faites pas de bruit... dans une minute je suis à vous. *Il rentre.*

DANIEL, *seul.* Ce pauvre M. Perrichon ! il a dû passer une bien mauvaise nuit... heureusement ce duel n'aura pas lieu.

PERRICHON, *sortant du pavillon avec un grand manteau.*
10 Me voici... je vous attendais...

DANIEL. Comment vous trouvez-vous ?

PERRICHON. Calme comme le bronze !

DANIEL. J'ai des épées dans la voiture.

PERRICHON, *entrouvant son manteau.* Moi, j'en ai là.

15 DANIEL. Deux paires !

PERRICHON. Une peut casser... je ne veux pas me trouver dans l'embarras.

---

1. **Praticable :** adjectif (souvent substantivé) qualifiant au théâtre ce qui existe réellement pour être utilisé, au lieu d'être seulement peint ou figuré. On doit pouvoir entrer dans ce pavillon et s'y tenir.

DANIEL, *à part*. Décidément, c'est un lion !... *(Haut.)* Le fiacre est à la porte... si vous voulez...

20 PERRICHON. Un instant ! Quelle heure est-il ?

DANIEL. Dix heures !

PERRICHON. Je ne veux pas arriver avant midi... ni après. *(À part.)* Ça ferait tout manquer.

DANIEL. Vous avez raison... pourvu qu'on soit à l'heure.
25 *(À part.)* Ça ferait tout manquer.

PERRICHON. Arriver avant... c'est de la fanfaronnade[1] ; après, c'est de l'hésitation ; d'ailleurs, j'attends Majorin... je lui ai écrit hier soir un mot pressant.

DANIEL. Ah ! le voici.

Scène 2. Les Mêmes, Majorin.

MAJORIN. J'ai reçu ton billet, j'ai demandé un congé... De quoi s'agit-il ?

PERRICHON. Majorin... je me bats dans deux heures !...

MAJORIN. Toi ? allons donc ! et avec quoi ?

5 PERRICHON, *ouvrant son manteau et laissant voir ses épées*. Avec ceci.

MAJORIN. Des épées !

PERRICHON. Et j'ai compté sur toi pour être mon second[2]. *Daniel remonte.*

---

1. **Fanfaronnade** : un fanfaron se vante d'exploits dont il n'est pas capable, ici il affecterait de prendre le danger à la légère pour montrer son courage.
2. **Mon second** : mon second témoin.

10 ~~MAJORIN.~~ ~~Sur~~ ~~moi~~ ? ~~permets,~~ ~~mon~~ ~~ami,~~ ~~c'est~~ ~~impossible~~ !

PERRICHON. Pourquoi ?

MAJORIN. Il faut que j'aille à mon bureau... je me ferais destituer[1].

PERRICHON. Puisque tu as demandé un congé.

15 MAJORIN. Pas pour être témoin !... On leur fait des procès, aux témoins[2] !

PERRICHON. Il me semble, monsieur Majorin, que je vous ai rendu assez de services pour que vous ne refusiez pas de m'assister dans une circonstance capitale de ma vie.

20 MAJORIN, *à part*. Il me reproche ses six cents francs !

PERRICHON. Mais, si vous craignez de vous compromettre... si vous avez peur.

MAJORIN. Je n'ai pas peur... *(Avec amertume.)* D'ailleurs, je ne suis pas libre... tu as su m'enchaîner par les liens de la
25 reconnaissance. *(Grinçant.)* Ah ! la reconnaissance !

DANIEL, *à part*. Encore un !

MAJORIN. Je ne te demande qu'une chose... c'est d'être de retour à deux heures... pour toucher mon dividende... Je te rembourserai immédiatement et alors... nous serons quittes !

30 DANIEL. Je crois qu'il est temps de partir. *(À Perrichon.)* Si vous désirez faire vos adieux à Madame Perrichon et à votre fille...

PERRICHON. Non ! je veux éviter cette scène... ce seraient

---

1. **Destituer** : mettre à la porte, congédier.
2. Le duel était considéré par les tribunaux comme un homicide volontaire. Majorin pourrait être accusé de non-assistance à personne en danger.

des pleurs, des cris... elles s'attacheraient à mes habits pour
35 me retenir... Partons ! *(On entend chanter dans la coulisse.)*
Ma fille !

SCÈNE 3. LES MÊMES, HENRIETTE,
puis MADAME PERRICHON.

HENRIETTE, *entrant en chantant, et un arrosoir à la main.*
Tra la la ! tra la la ! *(Parlé.)* Ah ! c'est toi, mon petit papa...

PERRICHON. Oui... tu vois... nous partons... avec ces deux
messieurs... il le faut !... *(Il l'embrasse avec émotion.)* Adieu !

5 HENRIETTE, *tranquillement.* Adieu, papa. *(À part.)* Il n'y a
rien à craindre, maman a prévenu le préfet de police... et moi,
j'ai prévenu M. Armand.
Elle va arroser les fleurs.

PERRICHON, *s'essuyant les yeux et la croyant près de lui.*
10 Allons, ne pleure pas !... Si tu ne me revois pas, songe...
(S'arrêtant.) Tiens ? elle arrose !

MAJORIN, *à part.* Ça me révolte ! mais c'est bien fait !

MADAME PERRICHON, *entrant avec des fleurs à la main, à
son mari.* Mon ami... peut-on couper quelques dahlias ?

15 PERRICHON. Ma femme !

MADAME PERRICHON. Je cueille un bouquet pour mes
vases.

PERRICHON. Cueille ! Dans un pareil moment, je n'ai rien à
te refuser... Je vais partir, Caroline.

20 MADAME PERRICHON, *tranquillement.* Ah ! tu vas là-bas ?

PERRICHON. Oui... je vais... là-bas, avec ces deux messieurs.

MADAME PERRICHON. Allons ! tâche d'être revenu pour dîner.

PERRICHON et MAJORIN. Hein ?

25 PERRICHON, *à part.* Cette tranquillité... est-ce que ma femme ne m'aimerait pas ?

MAJORIN, *à part.* Tous les Perrichon manquent de cœur ! C'est bien fait !

DANIEL. Il est l'heure... si vous voulez être au rendez-vous à 30 midi...

PERRICHON, *vivement.* Précis !

MADAME PERRICHON, *vivement.* Précis ! vous n'avez pas de temps à perdre.

HENRIETTE. Dépêche-toi, papa.

35 PERRICHON. Oui...

MAJORIN, *à part.* Ce sont elles qui le renvoient ! Quelle jolie famille !

PERRICHON. Allons, Caroline, ma fille, adieu ! adieu !
Ils remontent.

REPÈRES

• Montrez que, dans ces trois scènes, chacun croit être le seul détenteur d'un secret. Quel effet en résulte pour le spectateur ?

OBSERVATION

Jeux de miroirs… déformants

• Quel personnage Perrichon veut-il se composer dans la scène 1 ? Quelles métaphores (voir p. 235) emploie-t-il pour cela ? Étudiez le rôle des apartés (voir p. 233) de Perrichon et de Daniel.
• Le héros du jour avait-il souhaité les adieux de la scène 3 ? Quel ton prend-il pourtant aussitôt devant sa famille ? Relevez des citations.
• Qu'éprouve Perrichon en s'apercevant que son effet tombe à plat ? Comment Majorin, lui, réagit-il ?
• Dans quel dilemme ce dernier se trouve-t-il (sc. 2) ? Montrez qu'il a, face à l'obligation de reconnaissance, la même attitude que Perrichon. Comment celui-ci, expert en la matière, fait-il valoir ses droits ?

Faux drame, vrai comique

• Commentez dans la scène 2 : a) la succession des répliques (l. 3 à 7) : « […] je me bats dans deux heures !… – Toi ? allons donc ! et avec quoi ? – Avec ceci. – Des épées ! » ; b) la remarque de Majorin : « Je te rembourserai immédiatement […] » (l. 28).
• Pourquoi à votre sens Labiche montre-t-il Henriette et sa mère dans une activité « horticole » (sc. 3) ?
• Relevez les allusions faites par Perrichon à sa mort possible.

INTERPRÉTATIONS

• De quoi provient le comique de la scène 3 ?

SCÈNE 4. LES MÊMES, ARMAND.

ARMAND, *paraissant au fond*. Restez, monsieur Perrichon, le duel n'aura pas lieu.

TOUS. Comment ?

HENRIETTE, *à part*. M. Armand ! j'étais bien sûre de lui !

5 MADAME PERRICHON, *à Armand*. Mais expliquez-vous...

ARMAND. C'est bien simple... je viens de faire mettre à Clichy le commandant Mathieu.

TOUS. À Clichy ?

DANIEL, *à part*. Il est très actif, mon rival !

10 ARMAND. Oui... cela avait été convenu depuis un mois entre le commandant et moi... et je ne pouvais trouver une meilleure occasion de lui être agréable... *(À Perrichon.)* et de vous en débarrasser !

MADAME PERRICHON, *à Armand*. Ah ! monsieur, que de
15 reconnaissance !...

HENRIETTE, *bas*. Vous êtes notre sauveur.

PERRICHON, *à part*. Eh bien, je suis contrarié de ça... J'avais si bien arrangé ma petite affaire... À midi moins un quart, on nous mettait la main dessus.

20 MADAME PERRICHON, *allant à son mari*. Remercie donc.

PERRICHON. Qui ça ?

MADAME PERRICHON. Eh bien, M. Armand.

PERRICHON. Ah ! oui. *(À Armand, sèchement.)* Monsieur, je vous remercie.

25 MAJORIN, *à part*. On dirait que ça l'étrangle. *(Haut.)* Je vais

toucher mon dividende. *(À Daniel.)* Croyez-vous que la caisse soit ouverte ?

DANIEL. Oui, sans doute. J'ai une voiture, je vais vous conduire. Monsieur Perrichon, nous nous reverrons ; vous
30 avez une réponse à me donner.

MADAME PERRICHON, *bas, à Armand.* Restez. Perrichon a promis de se prononcer aujourd'hui : le moment est favorable, faites votre demande.

ARMAND. Vous croyez ?... C'est que...

35 HENRIETTE, *bas.* Courage, monsieur Armand !

ARMAND. Vous ? Oh ! quel bonheur !

MAJORIN. Adieu, Perrichon.

DANIEL, *saluant.* Madame... mademoiselle...
Henriette et madame Perrichon sortent par la droite. Majorin
40 *et Daniel par le fond, à gauche.*

SCÈNE 5. PERRICHON, ARMAND, *puis* JEAN, *et* LE COMMANDANT.

PERRICHON, *à part.* Je suis très contrarié... très contrarié !... J'ai passé une partie de la nuit à écrire à mes amis que je me battais... je vais être ridicule.

ARMAND, *à part.* Il doit être bien disposé... Essayons.
5 *(Haut.)* Mon cher monsieur Perrichon...

PERRICHON, *sèchement.* Monsieur ?

ARMAND. Je suis plus heureux que je ne puis le dire d'avoir pu terminer cette désagréable affaire...

PERRICHON, *à part.* ~~Toujours son petit air protecteur !~~
10 *(Haut.)* Quant à moi, monsieur, je regrette que vous m'ayez
privé du plaisir de donner une leçon à ce professeur de
grammaire !

ARMAND. Comment ! mais vous ignorez donc que votre
adversaire...

15 PERRICHON. Est un ex-commandant au 2e zouaves... Eh
bien, après ? J'estime l'armée, mais je suis de ceux qui savent
la regarder en face.
Il passe fièrement devant lui.

JEAN, *paraissant et annonçant.* Le commandant Mathieu.

20 PERRICHON. Hein ?

ARMAND. Lui ?

PERRICHON. Vous me disiez qu'il était en prison !

LE COMMANDANT, *entrant.* J'y étais, en effet, mais j'en suis
sorti. *(Apercevant Armand.)* Ah ! monsieur Armand, je viens
25 de consigner[1] le montant du billet que je vous dois, plus les
frais...

ARMAND. Très bien, commandant... Je pense que vous ne
me gardez pas rancune... vous paraissiez si désireux d'aller à
Clichy.

30 LE COMMANDANT. Oui, j'aime Clichy... mais pas les jours
où je dois me battre. *(À Perrichon.)* Je suis désolé, monsieur,
de vous avoir fait attendre... Je suis à vos ordres[2].

JEAN, *à part.* Oh ! ce pauvre bourgeois !

PERRICHON. Je pense, monsieur, que vous me rendrez la

---

1. **Consigner** : déposer une somme due en un lieu désigné par la loi.
2. **À vos ordres** : à votre disposition pour le duel.

35 justice de croire que je suis tout à fait étranger à l'incident qui vient de se produire ?

ARMAND. Tout à fait ! car, à l'instant même, monsieur me manifestait ses regrets de ne pouvoir se rencontrer avec vous.

LE COMMANDANT, *à Perrichon.* Je n'ai jamais douté,
40 monsieur, que vous ne fussiez un loyal adversaire.

PERRICHON, *avec hauteur.* Je me plais à l'espérer, monsieur.

JEAN, *à part.* Il est très solide, le bourgeois.

LE COMMANDANT. Mes témoins sont à la porte... partons !

PERRICHON. Partons !

45 LE COMMANDANT, *tirant sa montre.* Il est midi.

PERRICHON, *à part.* Midi !... déjà !

LE COMMANDANT. Nous serons là-bas à deux heures.

PERRICHON, *à part.* Deux heures ! ils seront partis.

ARMAND. Qu'avez-vous donc ?

50 PERRICHON. J'ai... j'ai... messieurs, j'ai toujours pensé qu'il y avait quelque noblesse à reconnaître ses torts.

LE COMMANDANT et JEAN, *étonnés.* Hein ?

ARMAND. Que dit-il ?

PERRICHON. Jean... laisse-nous !

55 ARMAND. Je me retire aussi...

LE COMMANDANT. Oh ! pardon ! je désire que tout ceci se passe devant témoins.

ARMAND. Mais...

LE COMMANDANT. Je vous prie de rester.

60 PERRICHON. Commandant... vous êtes un brave militaire... et moi... j'aime les militaires ! Je reconnais que j'ai eu des torts envers vous... et je vous prie de croire que... *(À part.)* Sapristi ! devant mon domestique ! *(Haut.)* Je vous prie de croire qu'il n'était ni dans mes intentions... *(Il fait signe de* 65 *sortir à Jean, qui a l'air de ne pas comprendre. À part.)* Ça m'est égal, je le mettrai à la porte ce soir. *(Haut.)*... ni dans ma pensée... d'offenser un homme que j'estime et que j'honore !

JEAN, *à part.* Il canne[1], le patron !

70 LE COMMANDANT. Alors, monsieur, ce sont des excuses ?

ARMAND, *vivement.* Oh ! des regrets !...

PERRICHON. N'envenimez pas ! n'envenimez pas ! laissez parler le commandant.

LE COMMANDANT. Sont-ce des regrets ou des excuses ?

75 PERRICHON, *hésitant.* Mais... moitié l'un... moitié l'autre...

LE COMMANDANT. Monsieur, vous avez écrit en toutes lettres sur le livre de Montanvert : « Le commandant est un... »

PERRICHON, *vivement.* Je retire le mot ! il est retiré !

80 LE COMMANDANT. Il est retiré... ici... mais là-bas ! il s'épanouit au beau milieu d'une page que tous les voyageurs peuvent lire.

PERRICHON. Ah ! dame, pour ça ! à moins que je ne retourne moi-même l'effacer.

85 LE COMMANDANT. Je n'osais pas vous le demander, mais, puisque vous me l'offrez...

---

1. Il canne : il a peur, il se sauve devant le danger (comme les canards). Langage populaire. (Autre orthographe : il « cane ».)

Le Commandant Mathieu.
Compagnie du Grenier de Toulouse.
Théâtre de l'Atelier, 1954.

PERRICHON. Moi ?

LE COMMANDANT. J'accepte.

PERRICHON. Permettez...

90 LE COMMANDANT. Oh ! je ne vous demande pas de repartir aujourd'hui... non !... mais demain.

PERRICHON et ARMAND. Comment ?

LE COMMANDANT. Comment ? Par le premier convoi, et vous bifferez[1] vous-même, de bonne grâce, les deux 95 méchantes lignes échappées à votre improvisation... ça m'obligera.

PERRICHON. Oui... comme ça... il faut que je retourne en Suisse ?

LE COMMANDANT. D'abord, le Montanvert était en 100 Savoie... maintenant c'est la France[2] !

PERRICHON. La France, reine des nations !

JEAN. C'est bien moins loin !

LE COMMANDANT, *ironiquement*. Il ne me reste plus qu'à rendre hommage à vos sentiments de conciliation.

105 PERRICHON. Je n'aime pas à verser le sang !

LE COMMANDANT, *riant*. Je me déclare complètement satisfait. *(À Armand.)* Monsieur Desroches, j'ai encore quelques billets[3] en circulation, s'il vous en passe un par les mains, je me recommande toujours à vous ! *(Saluant.)* Messieurs, j'ai 110 bien l'honneur de vous saluer !

---

1. **Vous bifferez :** vous rayerez.
2. **Maintenant c'est la France :** voir note 2 page 142.
3. **Billets :** reconnaissances de dettes, l'autre nom des lettres de change (voir note 1 p. 97).

PERRICHON, *saluant*. Commandant...
Le commandant sort.

JEAN, *à Perrichon, tristement*. Eh bien, monsieur... Voilà
votre affaire arrangée.

115 PERRICHON, *éclatant*. Toi, je te donne ton compte[1] ! Va
faire tes paquets, animal.

JEAN, *stupéfait*. Ah bah ! qu'est-ce que j'ai fait !
Il sort par la droite.

SCÈNE 6. ARMAND, PERRICHON.

PERRICHON, *à part*. Il n'y a pas à dire... j'ai fait des excuses !
moi dont on verra le portrait au Musée !... Mais à qui la
faute ? à ce M. Armand !

ARMAND, *à part, au fond*. Pauvre homme ! je ne sais que
5 lui dire.

PERRICHON, *à part*. Ah çà ! Est-ce qu'il ne va pas s'en aller ?
Il a peut-être encore quelque service à me rendre... Ils sont
jolis, ses services !

ARMAND. Monsieur Perrichon ?

10 PERRICHON. Monsieur ?

ARMAND. Hier, en vous quittant, je suis allé chez mon ami...
l'employé à l'administration des douanes... Je lui ai parlé de
votre affaire.

PERRICHON, *sèchement*. Vous êtes trop bon.

---

1. **Je te donne ton compte** : je te renvoie.

15 ARMAND. C'est arrangé !... on ne donnera pas suite au procès.

PERRICHON. Ah !

ARMAND. Seulement, vous écrirez au douanier quelques mots de regrets.

20 PERRICHON, *éclatant.* C'est ça ! Des excuses ! encore des excuses !... De quoi vous mêlez-vous, à la fin ?

ARMAND. Mais...

PERRICHON. Est-ce que vous ne perdrez pas l'habitude de vous fourrer à chaque instant dans ma vie ?

25 ARMAND. Comment ?

PERRICHON. Oui, vous touchez à tout ! Qui est-ce qui vous a prié de faire arrêter le commandant ? Sans vous, nous étions tous là-bas, à midi !

ARMAND. Mais rien ne vous empêchait d'y être à deux
30 heures.

PERRICHON. Ce n'est pas la même chose.

ARMAND. Pourquoi ?

PERRICHON. Vous me demandez pourquoi ? Parce que... non, vous ne saurez pas pourquoi ! *(Avec colère.)* Assez de
35 services, monsieur ! assez de services ! Désormais, si je tombe dans un trou, je vous prie de m'y laisser ! j'aime mieux donner cent francs au guide... car ça coûte cent francs... il n'y a pas de quoi être si fier ! Je vous prierai aussi de ne plus changer les heures de mes duels, et de me laisser aller en prison
40 si c'est ma fantaisie.

ARMAND. Mais, monsieur Perrichon...

PERRICHON. Je n'aime pas les gens qui s'imposent... c'est de l'indiscrétion ! Vous m'envahissez !...

ARMAND. Permettez...

45 PERRICHON. Non, monsieur ! on ne me domine pas, moi ! Assez de services ! assez de services !
Il sort par le pavillon.

REPÈRES

• Dans la scène 4, Perrichon vient encore (croit-on) d'être sauvé par Armand. D'où vient qu'il lui en veuille particulièrement cette fois-ci ?
• Pourquoi, le premier moment de frayeur passé, Perrichon s'était-il ressaisi à l'arrivée du Commandant (sc. 5) ?

OBSERVATION

• La scène 4 est similaire à la scène 6 de l'acte III en ce qui concerne le schéma des rapports Perrichon/Mme Perrichon/Armand. Montrez-le.
• « [...] le moment est favorable, faites votre demande. » (sc. 4, l. 32). Comme toujours, le « clan » Henriette/Armand/Mme Perrichon se méprend. Pourquoi ? Dans quelle scène était-ce déjà le cas ?
• Quelle catastrophe se produit pour l'amour-propre du carrossier à la scène 5 ? Il y a successivement deux Perrichon dans cette scène : montrez-le en vous appuyant sur le texte.
• Qui ont été, dans cette scène, les seuls témoins de l'entrevue avec le Commandant ? Comment Perrichon les en « punit »-il après le départ du militaire ? Le renvoi de Jean est-il mérité ? Justifiez votre réponse.
• Montrez que le Commandant a décidé d'humilier Perrichon jusqu'au bout : inflexibilité et ironie (voir p. 235). Étudiez l'enchaînement : « Oh ! je ne vous demande pas [...] Par le premier convoi [...] » (sc. 5, l. 90).
• Qu'exprime le futur dans la phrase : « [...] vous bifferez [...] ça m'obligera. » (l. 94) ?
• Pourquoi le Commandant rit-il quand Perrichon déclare : « Je n'aime pas à verser le sang » (l. 105) ?
• À la scène 6, quel est le mot, employé par Armand, qui fait éclater la colère, jusque-là rentrée avec peine, de Perrichon ?
• Quels mots reviennent fréquemment dans cette scène ? S'agit-il d'une scène comique (justifiez votre réponse) ?

INTERPRÉTATIONS

• Énumérez tous les rebondissements qui se sont produits dans les trois scènes. Où en est l'action ?
• D'où viennent l'embarras et la contrariété de Perrichon dans les scènes 5 et 6 ?

SCÈNE 7. ARMAND, *puis* HENRIETTE.

ARMAND, *seul.* Je n'y comprends plus rien... je suis abasourdi[1] !

HENRIETTE, *entrant par la droite, au fond.* Ah ! monsieur Armand !

5 ARMAND. Mademoiselle Henriette !

HENRIETTE. Avez-vous causé avec papa ?

ARMAND. Oui, mademoiselle.

HENRIETTE. Eh bien ?

ARMAND. Je viens d'acquérir la preuve de sa parfaite
10 antipathie[2].

HENRIETTE. Que dites-vous là ? C'est impossible.

ARMAND. Il a été jusqu'à me reprocher de l'avoir sauvé au Montanvert... J'ai cru qu'il allait m'offrir cent francs de récompense.

15 HENRIETTE. Cent francs ! par exemple !

ARMAND. Il dit que c'est le prix !...

HENRIETTE. Mais c'est horrible !... c'est de l'ingratitude !...

ARMAND. J'ai senti que ma présence le froissait, le blessait... et je n'ai plus, mademoiselle, qu'à vous faire mes adieux.

20 HENRIETTE, *vivement.* Mais pas du tout ! restez !

ARMAND. À quoi bon ? C'est à Daniel qu'il réserve votre main.

---

1. **Abasourdi :** stupéfait et consterné, comme assommé.
2. **Antipathie :** hostilité.

Henriette. M. Daniel ?... mais je ne veux pas !

Armand, *avec joie.* Ah !

25 Henriette, *se reprenant.* Ma mère ne veut pas ! Elle ne partage pas les sentiments de papa ; elle est reconnaissante, elle ; elle vous aime... Tout à l'heure elle me disait encore : « M. Armand est un honnête homme... un homme de cœur, et ce que j'ai de plus cher au monde, je le lui donnerai... »

30 Armand. Mais ce qu'elle a de plus cher... c'est vous !

Henriette, *naïvement.* Je le crois.

Armand. Ah ! mademoiselle, que je vous remercie !

Henriette. Mais c'est maman qu'il faut remercier.

Armand. Et vous, mademoiselle, me permettez-vous d'es-
35 pérer que vous aurez pour moi la même bienveillance ?

Henriette, *embarrassée.* Moi, monsieur ?

Armand. Oh ! parlez ! je vous en supplie...

Henriette, *baissant les yeux.* Monsieur, lorsqu'une demoi-selle est bien élevée, elle pense toujours comme sa maman.
40 *Elle se sauve.*

Scène 8. Armand, *puis* Daniel.

Armand, *seul.* Elle m'aime ! elle me l'a dit !... Ah ! je suis trop heureux !... ah !...

Daniel, *entrant.* Bonjour, Armand.

Armand. C'est vous... *(À part.)* Pauvre garçon !

5 DANIEL. Voici l'heure de la philosophie[1]... M. Perrichon se recueille... et, dans dix minutes, nous allons connaître sa réponse. Mon pauvre ami !

ARMAND. Quoi donc ?

DANIEL. Dans la campagne[2] que nous venons de faire, vous
10 avez commis fautes sur fautes...

ARMAND, *étonné*. Moi ?

DANIEL. Tenez, je vous aime, Armand... et je veux vous donner un bon avis qui vous servira... pour une autre fois ! Vous avez un défaut mortel !

15 ARMAND. Lequel ?

DANIEL. Vous aimez trop à rendre service... c'est une passion malheureuse !

ARMAND, *riant*. Ah ! par exemple !

DANIEL. Croyez-moi... j'ai vécu plus que vous, et dans un
20 monde... plus avancé ! Avant d'obliger un homme, assurez-vous bien d'abord que cet homme n'est pas un imbécile.

ARMAND. Pourquoi ?

DANIEL. Parce qu'un imbécile est incapable de supporter longtemps cette charge écrasante qu'on appelle la reconnais-

---

1. **L'heure de la philosophie** : le moment de tirer des conclusions, une morale, de l'histoire.
2. **Campagne** : ici, au sens militaire du terme, succession d'opérations, de batailles, dans une région déterminée (il s'agit ici de « conquérir » le cœur de M. Perrichon ; métaphore, voir p. 235).

25 sance ; il y a même des gens d'esprit qui sont d'une consti-
tution si délicate...

ARMAND, *riant.* Allons ! développez votre paradoxe !

DANIEL. Voulez-vous un exemple : M. Perrichon...

PERRICHON, *passant sa tête à la porte du pavillon.* Mon
30 nom !

DANIEL. Vous me permettrez de ne pas le ranger dans la
catégorie des hommes supérieurs.
Perrichon disparaît.

DANIEL. Eh bien, M. Perrichon vous a pris tout doucement
35 en grippe.

ARMAND. J'en ai bien peur.

DANIEL. Et pourtant vous lui avez sauvé la vie. Vous croyez
peut-être que ce souvenir lui rappelle un grand acte de
dévouement ? Non ! il lui rappelle trois choses : *primo*, qu'il
40 ne sait pas monter à cheval ; *secundo*, qu'il a eu tort de mettre
des éperons, malgré l'avis de sa femme ; *tertio*, qu'il a fait en
public une culbute ridicule...

ARMAND. Soit, mais...

DANIEL. Et, comme il fallait un bouquet[1] à ce beau feu
45 d'artifice, vous lui avez démontré, comme deux et deux font
quatre, que vous ne faisiez aucun cas de son courage, en
empêchant un duel... qui n'aurait pas eu lieu.

ARMAND. Comment ?

---

1. **Bouquet :** conclusion spectaculaire.

DANIEL. J'avais pris mes mesures... Je rends aussi quelque-
50 fois des services...

ARMAND. Ah ! vous voyez bien !

DANIEL. Oui, mais, moi, je me cache... je me masque !
Quand je pénètre dans la misère de mon semblable, c'est avec
des chaussons et sans lumière... comme dans une pou-
55 drière[1] ! D'où je conclus...

ARMAND. Qu'il ne faut obliger personne ?

DANIEL. Oh non ! mais il faut opérer nuitamment et choisir
sa victime ! D'où je conclus que ledit Perrichon vous déteste ;
votre présence l'humilie, il est votre obligé[2], votre inférieur !
60 vous l'écrasez, cet homme !

ARMAND. Mais c'est de l'ingratitude !...

DANIEL. L'ingratitude est une variété de l'orgueil... « C'est
l'indépendance du cœur », a dit un aimable philosophe[3]. Or,
M. Perrichon est le carrossier le plus indépendant de la car-
65 rosserie française ! J'ai flairé cela tout de suite... Aussi ai-je
suivi une marche tout à fait opposée à la vôtre.

ARMAND. Laquelle ?

DANIEL. Je me suis laissé glisser... exprès ! dans une petite
crevasse... pas méchante.

---

1. **Poudrière :** local où l'on entrepose de la poudre, des explosifs.
2. **Il est votre obligé :** il vous est redevable d'un service.
3. **Un aimable philosophe :** il s'agit peut-être de Nestor Roqueplan (1804-
1870), rédacteur en chef du *Figaro* puis administrateur de l'Opéra et d'autres
salles de spectacle.

70 ARMAND. Exprès ?

DANIEL. Vous ne comprenez pas ? Donner à un carrossier l'occasion de sauver son semblable, sans danger pour lui, c'est un coup de maître ! Aussi, depuis ce jour, je suis sa joie, son triomphe, son fait d'armes ! Dès que je parais, sa figure
75 s'épanouit, son estomac se gonfle, il lui pousse des plumes de paon dans sa redingote... Je le tiens ! comme la vanité tient l'homme... Quand il se refroidit, je le ranime, je le souffle... je l'imprime dans le journal... à trois francs la ligne !

ARMAND. Ah bah ! c'est vous ?

80 DANIEL. Parbleu ! Demain, je le fais peindre à l'huile... en tête à tête avec le mont Blanc ! J'ai demandé un tout petit mont Blanc et un immense Perrichon ! Enfin, mon ami, retenez bien ceci... et surtout gardez-moi le secret : les hommes ne s'attachent point à nous en raison des services que nous
85 leur rendons, mais en raison de ceux qu'ils nous rendent !

ARMAND. Les hommes... c'est possible... mais les femmes ?

DANIEL. Eh bien, les femmes...

ARMAND. Elles comprennent la reconnaissance, elles savent garder au fond du cœur le souvenir du bienfait.

90 DANIEL. Dieu ! la jolie phrase !

ARMAND. Heureusement, madame Perrichon ne partage pas les sentiments de son mari.

DANIEL. La maman est peut-être pour vous... mais j'ai pour moi l'orgueil du papa... du haut du Montanvert ma crevasse
95 me protège[1] !

---

1. **Du haut du Montanvert ma crevasse me protège :** formule calquée avec humour sur celle que l'on prête à Bonaparte lors de la campagne d'Égypte (1798-1801) : « Soldats, songez que, du haut de ces pyramides, quarante siècles vous contemplent ! »

Repères

• Par quels sentiments Henriette passe-t-elle successivement dans la scène 7 ? et Armand ?
• Le spectateur peut-il dire dans la scène 8 qui, de Daniel ou d'Armand, a raison de plaindre l'autre (« Pauvre garçon »/« Mon pauvre ami ») ? Expliquez pourquoi.

Observation

• Quelles limites son éducation impose-t-elle à Henriette (sc. 7) ? Comment parvient-elle néanmoins à se déclarer à Armand ?
• Quelles révélations Daniel fait-il à Armand dans la scène 8 ? Quelle est pour le spectateur la part du connu et de l'inédit ?
• L'assurance d'Armand en est-elle diminuée pour autant ? Le spectateur a une supériorité sur Daniel : que sait-il de plus que celui-ci ?
• La scène 8 révèle de nouveaux aspects de la personnalité de Daniel : dégagez-les à l'aide du texte.
• Relevez dans le discours de Daniel des phrases qui sonnent comme des proverbes. Étudiez aussi les images (comparaisons et métaphores) qu'il utilise (voir p. 235).
• Comment Daniel voit-il Perrichon ? Citez le texte. Pourquoi son jugement est-il particulièrement choquant pour le carrossier, tapi dans son pavillon ?

Interprétations

• Le spectateur peut-il prévoir la suite probable des événements et Daniel a-t-il raison de se sentir « protégé » par sa crevasse ? Que pensez-vous de sa « marche » (démarche) ?
• En quoi cette « philosophie » éloigne-t-elle la pièce du genre du vaudeville ?

Scène 9. Les Mêmes, Perrichon, Madame Perrichon, Henriette.

Perrichon, *entrant accompagné de sa femme et de sa fille ; il est très grave.* Messieurs, je suis heureux de vous trouver ensemble... vous m'avez fait tous deux l'honneur de me demander la main de ma fille... vous allez connaître ma
5   décision...

Armand, *à part.* Voici le moment.

Perrichon, *à Daniel souriant.* Monsieur Daniel... mon ami !

Armand, *à part.* Je suis perdu !

10   Perrichon. J'ai déjà fait beaucoup pour vous... je veux faire plus encore... Je veux vous donner...

Daniel, *remerciant.* Ah ! monsieur !

Perrichon, *froidement.* Un conseil... *(Bas.)* Parlez moins haut quand vous serez près d'une porte.

15   Daniel, *étonné.* Ah bah !

Perrichon. Oui... je vous remercie de la leçon. *(Haut.)* Monsieur Armand... vous avez moins vécu que votre ami... vous calculez moins, mais vous me plaisez davantage... je vous donne ma fille...

20   Armand. Ah ! monsieur !...

Perrichon. Et remarquez que je ne cherche pas à m'acquitter envers vous... je désire rester votre obligé... *(Regardant Daniel.)* car il n'y a que les imbéciles qui ne savent pas supporter cette charge écrasante qu'on appelle la
25   reconnaissance.
Il se dirige vers la droite ; madame Perrichon fait passer sa fille du côté d'Armand, qui lui donne le bras.

DANIEL, *à part*. Attrape !

ARMAND, *à part*. Oh ! ce pauvre Daniel !

30 DANIEL. Je suis battu ! *(À Armand.)* Après comme avant, donnons-nous la main.

ARMAND. Oh ! de grand cœur !

DANIEL, *allant à Perrichon*. Ah ! monsieur Perrichon, vous écoutez aux portes !

35 PERRICHON. Eh ! mon Dieu ! un père doit chercher à s'éclairer... *(Le prenant à part.)* Voyons, la... vraiment, est-ce que vous vous y êtes jeté exprès ?

DANIEL. Où ça ?

PERRICHON. Dans le trou ?

40 DANIEL. Oui... mais je ne le dirai à personne.

PERRICHON. Je vous en prie !
Poignées de main.

SCÈNE 10. LES MÊMES, MAJORIN.

MAJORIN. Monsieur Perrichon, j'ai touché mon dividende à trois heures... et j'ai gardé la voiture de monsieur pour vous rapporter plus tôt vos six cents francs... les voici !

PERRICHON. Mais cela ne pressait pas.

5 MAJORIN. Pardon, cela pressait... considérablement ! maintenant nous sommes quittes... complètement quittes.

PERRICHON, *à part*. Quand je pense que j'ai été comme ça !...

MAJORIN, *à Daniel.* Voici le numéro de votre voiture, il y
10 a sept quarts d'heure[1].
Il lui donne une carte.

PERRICHON. Monsieur Armand, nous resterons chez nous
demain soir... et, si vous voulez nous faire plaisir, vous vien-
drez prendre une tasse de thé...

15 ARMAND, *courant à Perrichon, bas.* Demain ? vous n'y pen-
sez pas... et votre promesse au commandant !
Il retourne près d'Henriette.

PERRICHON. Ah ! c'est juste ! *(Haut.)* Ma femme... ma fille...
nous repartons demain matin pour la mer de Glace.

20 HENRIETTE, *étonnée.* Hein ?

MADAME PERRICHON. Ah ! par exemple, nous en arri-
vons ! pourquoi y retourner ?

PERRICHON. Pourquoi ? peux-tu le demander ? tu ne
devines pas que je veux revoir l'endroit où Armand m'a
25 sauvé ?

MADAME PERRICHON. Cependant...

PERRICHON. Assez ! ce voyage m'est commandant... *(Se
reprenant.)* commandé par la reconnaissance !

Eugène Labiche

---

1. **Sept quarts d'heure :** Daniel à la scène 4 avait proposé à Majorin de profiter
de son fiacre. L'employé l'a gardé pour aller toucher son dividende puis revenir
chez Perrichon, laissant à Daniel (« votre voiture ») la note (la « carte ») de la
compagnie de fiacres ! La tarification ne tenait pas compte de la distance
parcourue mais se faisait apparemment par quarts d'heure indivisibles.

Repères

• D'où provient la défaite de Daniel ? Pourquoi Perrichon ne pouvait-il plus le choisir pour gendre ?
• Quel est le vrai but du nouveau voyage à Chamonix ? Quel est le dernier mot de la pièce ? Qu'en pensez-vous ?

Observation

• Comment Perrichon annonce-t-il à Daniel qu'il n'aura pas Henriette ?
• Montrez que le prétendant éconduit est, sur toute la ligne, beau joueur (envers Armand comme envers Perrichon). En quoi est-ce important que le rideau se baisse sur un Daniel souriant ?
• Quel désagrément Majorin ajoute-t-il sans vergogne aux malheurs de Daniel ?
• Comment commenteriez-vous l'ultime lapsus de Perrichon (sc. 10) ?

Interprétations

• Quelles transformations Perrichon a-t-il subi depuis la fin de la scène 6 ?
• Quels sentiments, selon vous, chacun des personnages éprouve-t-il au moment où le rideau tombe ?

Un acte inutile ?

Le critique Francisque Sarcey (voir page 38) considérait que cet acte était inutile. Il est en effet presque entièrement occupé par les démêlés de Perrichon avec le Commandant ; si on supprime ce dernier personnage, l'acte IV n'a plus lieu d'être, et les scènes finales (révélations de Daniel à Armand surprises par Perrichon, et leurs conséquences) auraient très bien pu être introduites à la fin de l'acte III, les allusions au duel en moins.

Cependant, l'épisode du duel a le mérite de mettre en lumière un nouveau trait de caractère du bourgeois : le manque de courage, réduisant encore mieux à néant les prétentions de Perrichon en la matière ; bien qu'il se vante de n'avoir « écouté que son courage » au Montanvert, il n'a pas vraiment sauvé Daniel ; finalement le seul personnage à lui devoir de la reconnaissance est Majorin, et encore les mérites de Perrichon ne tiennent-ils pas ici à ses qualités humaines, mais à sa position sociale (il a de l'argent et le prête pour s'attacher ses « amis »).

Sérieux et fantaisie

L'acte IV a aussi l'intérêt de permettre à Labiche d'affiner encore l'étude des caractères. Statut du chef de famille oblige, on n'est pas étonné de constater à la scène 9 que la décision concernant Henriette est prise au final par le seul Perrichon (influencé il est vrai par ce que lui répète son épouse depuis l'acte II, et surtout par ce qu'il vient d'entendre), mais on découvre aussi une Henriette certes soumise mais prête à sortir de son « devoir de réserve », et surtout un Daniel plus calculateur encore qu'on ne l'aurait cru, mais bon joueur.

Cette étude sérieuse des personnages débouche sur une véritable leçon de vie : Perrichon ne tarde pas à tirer les enseignements de la « philosophie » de Daniel, et si l'on ne peut jurer qu'il a définitivement exorcisé tous ses démons (l'égoïsme, l'orgueil, l'ingratitude), il a su sauvegarder l'essentiel : le bonheur de sa fille.

Labiche, pourtant, n'a pas tout sacrifié à ses visées morales, et on peut dire que l'acte IV constitue une heureuse synthèse entre les exigences de la comédie traditionnelle et les charmes du vaudeville.

Certes, le comique dans cet acte est assez subtil : le comique de mots se limite surtout à des effets de répétitions entre les répliques et s'efface au profit, principalement, d'un comique de caractère (le malheureux Perrichon est soumis à toutes les métamorphoses, et passe par tous les états, de la solennité au ridicule, de la fanfaronnade à l'humiliation, de l'emportement à la sagesse) ; quant au comique de gestes, à la bouffonnerie, ils sont ici à peu près absents ; mais l'action reste soumise à un rythme très rapide, comme en attestent les nombreux rebondissements (voir p. 236), surtout entre la scène 4 et la scène 6, et les indices de temps qui rythment cet acte (il est dix heures à la scène 1, midi passé dès la scène 5, et bien plus tard que trois heures à la scène 10). Le dénouement illustre lui aussi le principe de Labiche qui veut qu'une pièce soit « une bête à mille pattes » continuellement en mouvement (voir page 201) : sitôt rentré de la mer de Glace, voilà que Perrichon y repart déjà...

L'art de la chute

En fait, de même qu'il y avait deux intrigues (les ennuis de Perrichon avec le Commandant, et la course des deux prétendants), il y a deux dénouements : si l'affaire du duel se conclut de façon laborieuse, et plutôt lamentablement pour Perrichon, la question du mariage connaît une résolution qui, comme il se doit, se caractérise par sa rapidité et la satisfaction qu'elle apporte à chacun : tout se débloque, d'un coup, dans les scènes 8 et 9, avec un véritable effet de surprise qui tient autant à l'identité de l'heureux élu (la morale est sauve et la sincérité d'Armand récompensée) qu'à la métamorphose de Perrichon en un beau-père enfin sensé, métamorphose qui lui permet – heureuse synthèse – de surmonter son échec devant le militaire ; les vacances de Monsieur Perrichon se doublent en effet d'un voyage (initiatique ?) vers la modestie ; les voyages ne forment donc pas que la jeunesse, et il n'est jamais trop tard pour s'amender, ce qui est le propre de tout être humain qui se respecte.

Comment lire l'œuvre

ACTION
ET PERSONNAGES

L'action

Résumé

Acte I : affolement à la gare

Nous sommes en 1860. M. Perrichon, carrossier aisé, se retire des affaires et pour l'occasion offre à sa femme et à sa fille Henriette un voyage en Suisse. Ils doivent prendre le chemin de fer à la gare de Lyon où les attend Majorin, un employé ami de Perrichon venu lui emprunter 600 francs (scène 1).

La petite famille arrive bientôt ; Perrichon, affolé bien que très en avance, se précipite de guichet en guichet pour s'occuper des bagages et des billets (scène 2). Pendant ce temps, Mme Perrichon et sa fille rencontrent successivement deux jeunes gens, Daniel (scène 3) puis Armand (scène 4), qu'Henriette a connus au bal et qui tentent sans succès de savoir où se rendent les Perrichon. L'un et l'autre ont l'intention de suivre la famille dans le train pour faire leur cour... mais chacun se croit le seul prétendant.

Entre deux démarches, Perrichon, toujours aussi agité, finit par apercevoir Majorin et accède à sa demande, mais à l'insu de son épouse : il lui prête la somme, espérant obtenir sa reconnaissance (scènes 5 et 6).

Un autre personnage s'apprête à monter dans le train (scène 7) : un commandant qui part en voyage afin d'oublier une certaine Anita pour laquelle il s'est couvert de dettes.

Perrichon voit enfin arriver la fin de ses épreuves : les voyageurs sont appelés pour accéder aux wagons (scène 8). De leur côté, s'étant télescopés dans le hall (scène 9), Daniel et Armand, qui sont amis, se découvrent rivaux mais concluent un pacte : tous deux suivront les Perrichon là où ils iront, mais la lutte pour conquérir Henriette sera loyale.

Acte II : les chausse-trapes des crevasses... et de l'orthographe

Tout ce petit monde se retrouve aux environs de Chamonix, dans une auberge proche de la mer de Glace, étape touristique.

Armand et Daniel ont, dans le train, fait assaut de politesse envers les Perrichon mais rien ne semble les départager (scènes 1 et 2). Or, voilà qu'Armand sauve la vie de M. Perrichon qui, tombé de cheval en promenade, a failli rouler droit au précipice (scène 3). Daniel, devant ce qui semble un avantage décisif, décide de se retirer, acceptant même de se faire le porte-parole de son rival (scène 4). Mais, à l'issue de son entretien avec Perrichon (scène 5), Daniel change d'avis (scène 6) car le carrossier, par vanité, ne reconnaît pas sa dette morale envers Armand. Pendant que Daniel et Perrichon vont explorer le glacier (scène 7), Armand fait la connaissance du commandant Mathieu, qui justement le cherche… pour le supplier de l'envoyer en prison : débiteur auprès de la banque d'Armand, il espère que cette incarcération lui permettra de guérir de sa passion amoureuse (scène 8). Après son départ, Armand ose demander la main d'Henriette à Mme Perrichon, toute prête à lui accorder (scène 9).

Mais les excursionnistes reviennent déjà (scène 10) : Perrichon, triomphant, vient de tirer Daniel du précipice et l'en aime d'autant plus ! Les chances d'Armand semblent s'amenuiser. Avant de quitter l'auberge, le carrossier veut consigner l'événement sur le livre d'or où il a déjà (dans la scène 7) immortalisé ses impressions sur la « mère » de Glace ; s'apercevant que le commandant vient de faire remarquer par une note la présence de cette faute d'orthographe, Perrichon se venge en l'insultant par écrit.

Acte III : le temps des catastrophes

La famille rentrée à Paris, Mme Perrichon estime qu'il est temps pour son mari de rendre réponse aux prétendants de leur fille (scènes 1 à 3). Henriette invitée à s'exprimer opte pour Armand, au grand dam de son père (scène 4).

Voici Majorin (scène 5) : Perrichon lui annonce que la montre qu'il lui destinait mais qu'il comptait passer en fraude a été saisie ; il a aggravé son cas en insultant le douanier. Arrivent Armand (scène 6) puis Daniel (scène 7). Henriette découvre qu'on relate dans le journal l'acte de bravoure de son père (c'est Daniel qui a fait publier cet éloge). Mais Jean, le domestique, apporte un papier timbré : Perrichon est assigné à comparaître pour répondre de son injure au douanier ; immédiatement, Armand se propose d'user de ses relations pour épargner cette épreuve à Perrichon. Celui-ci ne peut plus lui refuser sa fille et en prévient Daniel (scène 8) qui lui annonce justement son projet de faire exécuter un tableau à sa gloire : voilà Perrichon prêt à se raviser encore.

Nouvelle catastrophe (scène 9) : le commandant Mathieu vient provoquer en duel le bourgeois dont il a lu la note à l'auberge... Croyant avoir affaire à un « faux militaire », Perrichon refuse de présenter ses excuses ; il comprend bientôt son erreur (scène 10) et s'affole à l'idée d'un combat perdu d'avance. Comme les duels sont interdits, il écrit en cachette (scène 12) une lettre de dénonciation aux autorités : l'intervention de la force publique le sauvera du massacre. Daniel puis Madame Perrichon, mise malencontreusement au courant, font de même chacun de leur côté (scènes 11 et 13).

Acte IV : retour à la case « départ »

Perrichon s'apprête à partir avec pour témoins Daniel et Majorin (scènes 1 et 2). Tranquillisé puisqu'il croit le duel désormais impossible, il ne peut s'empêcher de faire des adieux déchirants à sa famille (scène 3). Armand vient lui gâcher involontairement le plaisir en annonçant qu'il a fait emprisonner le commandant (scène 4), ignorant que celui-ci a préféré rembourser la banque pour rester libre de défendre son honneur ; le commandant se présente donc pour se battre (scène 5) ; hélas, l'heure annoncée initialement pour le duel est passée, et comme Perrichon ne peut plus compter sur la protection des agents, il doit reconnaître publiquement ses torts et promettre de retourner à l'auberge effacer sa note sur le livre d'or.

Après le départ du militaire, la colère de Perrichon s'abat sur Armand (scène 6). Celui-ci va tristement faire ses adieux à Henriette, qui lui laisse entendre qu'elle l'aime (scène 7). Entre Daniel (scène 8) : se croyant seul avec Armand, il lui dévoile qu'il a compris Perrichon, ingrat dont il ne faut surtout pas chercher la reconnaissance mais au contraire flatter la vanité ; lui-même s'est laissé glisser exprès dans une petite crevasse pour donner au bonhomme l'occasion de le sauver. Hélas pour lui, Perrichon a tout entendu (scène 9) : Armand obtient la main d'Henriette, Daniel se retire pendant que se prépare un nouveau voyage dans les Alpes (scène 10).

Schéma narratif

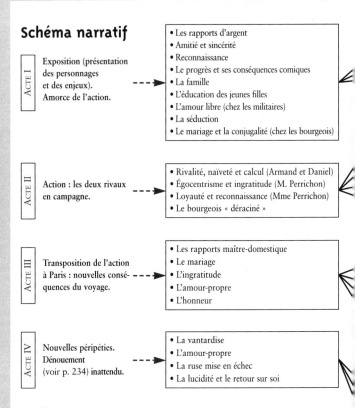

ACTE I — Exposition (présentation des personnages et des enjeux). Amorce de l'action.

- Les rapports d'argent
- Amitié et sincérité
- Reconnaissance
- Le progrès et ses conséquences comiques
- La famille
- L'éducation des jeunes filles
- L'amour libre (chez les militaires)
- La séduction
- Le mariage et la conjugalité (chez les bourgeois)

ACTE II — Action : les deux rivaux en campagne.

- Rivalité, naïveté et calcul (Armand et Daniel)
- Égocentrisme et ingratitude (M. Perrichon)
- Loyauté et reconnaissance (Mme Perrichon)
- Le bourgeois « déraciné »

ACTE III — Transposition de l'action à Paris : nouvelles conséquences du voyage.

- Les rapports maître-domestique
- Le mariage
- L'ingratitude
- L'amour-propre
- L'honneur

ACTE IV — Nouvelles péripéties. Dénouement (voir p. 234) inattendu.

- La vantardise
- L'amour-propre
- La ruse mise en échec
- La lucidité et le retour sur soi

- Établissez un relevé, personnage par personnage, des différents enjeux de la pièce (ce que cherchent à obtenir un ou plusieurs personnages) : par exemple, pour Daniel et Armand, l'enjeu est Henriette.
- Quels sont, à la fin de la pièce, les « gagnants » et les « perdants » ? Y a-t-il des personnages dont la situation n'ait pas changé ?
- En quoi les actes I et II, d'une part, et III et IV, d'autre part, s'opposent-ils ?
- Établissez un schéma de l'action, sur le modèle classique : situation initiale – élément modificateur (problème) – entrée dans l'action (péripéties, retournements de situation, etc.) – dénouement – situation finale.

Présentation des Perrichon et de l'« ami » de la famille, Majorin (scènes 1, 2, 5, 6, 8).

Daniel et Armand, les deux prétendants d'Henriette, leur stratégie et leur pacte (scènes 3, 4, 9).

Un personnage hors schéma : le mystérieux commandant et ses désordres amoureux (scène 7).

Armand sauve Perrichon : un point pour lui (scène 3) ; Daniel envisage de se retirer (scène 4).

Retournement de situation : Daniel comprend que, pour séduire Perrichon, il faut flatter sa vanité et devenir son obligé (scène 5) ; il se laisse donc « sauver » par lui, fait sa demande et reprend la tête (scène 10).

Entre-temps, Armand a demandé la main d'Henriette à Mme Perrichon (scène 9). Deux « couples » s'opposent désormais : Armand-Mme Perrichon, Daniel-M. Perrichon.

Épisode parallèle : le commandant, connu du seul Armand, fait une irruption « virtuelle » dans la vie de Perrichon : échange de notes désagréables par « livre d'or » interposé (scènes 8 et 10).

L'action en suspens : Mme Perrichon exige une décision de son mari en faveur de l'un ou de l'autre prétendant ; le désaccord reste entier, d'autant qu'Henriette préfère Armand.

Un élément pourrait débloquer la situation : Perrichon est confronté aux conséquences de l'une de ses « frasques » alpines : l'outrage au douanier (scène 7) ; Armand le sauve du déshonneur et Perrichon se décide en sa faveur (scène 7).

Manœuvres de Daniel qui, par deux fois, flatte la vanité de Perrichon (scènes 7 et 8), à nouveau incertain.

Péripétie (conséquence d'une seconde frasque du voyage) : le commandant provoque Perrichon en duel (scène 9) ; manœuvres secrètes et séparées de Perrichon, Daniel, Mme Perrichon et Henriette pour éviter le drame (scènes 11, 12, 13).

Armand perd encore du terrain : en « sauvant » Perrichon du duel, il l'empêche de faire acte de bravoure (scène 4). La réapparition incontrôlée du commandant oblige en outre Perrichon à des excuses publiques (scène 5) et déclenche sa colère contre Armand (scène 6), lequel obtient pourtant d'Henriette des aveux d'amour (scène 7).

Dénouement : révélations de Daniel à Armand concernant l'art de manœuvrer Perrichon (scène 8) ; celui-ci, caché, a tout entendu et accorde la main d'Henriette à Armand (scène 9).

Situation finale : Majorin, sans témoigner de reconnaissance, rembourse sa dette à Perrichon qui prend alors conscience de ses propres défauts. La première action du « nouveau Perrichon » (qui tient cependant à garder la face devant sa femme) consistera à retourner dans les Alpes réparer ses erreurs (scène 10).

Les personnages
Schéma actantiel

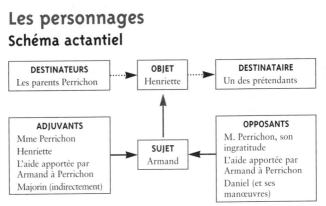

Les parents Perrichon (destinateurs) veulent marier leur fille Henriette (objet) à l'un des deux prétendants (destinataire) : il leur faut faire un choix. Armand (sujet) désire Henriette (objet). Il est aidé dans sa conquête : par Mme Perrichon (elle lui est favorable et rappelle son mari à ses devoirs), par Henriette elle-même (elle l'aime et l'appelle au secours de son père au moment du duel), par les circonstances (il aide Perrichon, et devrait obtenir sa gratitude, en trois occasions : au Montanvert, lors de l'assignation en justice à la suite de l'incident du douanier, et lors du duel avec le Commandant, qu'il tâche de faire emprisonner). Cependant, cette aide qu'il apporte à Perrichon lui est longtemps défavorable et joue aussi le rôle d'opposant, du fait de l'ingratitude de Perrichon, et des manœuvres de Daniel, qui a bien compris qu'il valait mieux flatter la vanité du carrossier et lui être redevable d'un service, fût-il imaginaire. Quant à Majorin, il aide Armand indirectement, car, aussi ingrat que Perrichon, il fait prendre à celui-ci conscience de ses défauts.

• Question : Ne pourrait-on pas envisager un autre schéma actantiel, au centre duquel se trouverait Perrichon (sujet) ? Quel inconvénient aurait cependant ce schéma ?

Personnage principal
M. Perrichon :
faute avouée est à moitié pardonnée

Personnage central de la pièce, Monsieur Perrichon, c'est à noter, n'a pas de prénom, mais le titre de respect qui précède son patronyme montre qu'il a un certain âge et surtout un certain poids social, à l'inverse de Majorin à qui on ne donne pas du « Monsieur ». Considéré pour sa position de chef de famille et son aisance financière, sa vie a toujours été « sans tache » bien que sans éclat (le seul acte de bravoure dont il puisse se targuer est le sauvetage dont Daniel lui a obligeamment offert l'occasion). Il souffre à première vue de défauts énormes. Il a l'âge des certitudes sentencieuses, alors que sa culture n'est qu'un vernis fragile, comme en témoignent ses déconvenues avec l'orthographe. Son culte de l'argent a de quoi agacer. Son énorme vanité le rend ingrat et lui fait perdre de vue le bonheur de sa fille.

Mais, comme l'écrivait Philippe Soupault à propos de Labiche en général, « en dépit de l'intention première et bien arrêtée de l'auteur de faire rire, et le plus souvent et le plus fort possible, jamais il ne défigure, n'exagère, ne grossit ». Le portrait de Perrichon est donc nuancé. Aimer l'argent n'est pas être avare (le voyage est d'ailleurs un cadeau généreux offert à la famille), mais avoir « de l'ordre ». L'ancien carrossier reste sympathique, malgré ou grâce à ses défauts, ses faiblesses, ses naïvetés, ses impulsions. Quand on veut se jouer des douanes, il faut arrêter le mécanisme des montres ! Il est imprudent de semer des notes assassines sur les registres des auberges, fortement déconseillé de se laisser aller à l'outrage à douanier, et fanfaronner demande de l'à-propos, car les militaires ne sont pas tous moustachus ! Perrichon est, au fond, un personnage fragile dont le dynamisme brouillon se retourne contre lui ; et sa mauvaise foi joviale est si énorme qu'on oublie de s'en indigner. D'ailleurs, il finit par reconnaître et réparer ses torts. On les lui pardonne, car ce brave homme ne souffre finalement que des travers de son époque et de son milieu.

Les autres personnages sont moins fouillés, ne serait-ce que parce que leur « temps de parole » dans la pièce est plus réduit, mais Labiche parvient à leur donner une certaine épaisseur.

Personnages secondaires
Mme Perrichon :
le contraire d'une âme tortueuse

Le bon sens de Caroline Perrichon équilibre la folie de son mari. À son agitation frénétique dans la gare, elle oppose une rassurante stabilité (acte I, scène 3) ; elle rappelle Perrichon au respect de ses engagements et à sa dette de reconnaissance envers Armand (acte II, scène 10 ; acte III, scènes 3 et 7). Si elle n'assiste pas à l'humiliation de Perrichon devant le Commandant (acte IV, scène 5), elle porte sur lui un regard lucide, connaissant sa vanité autant que sa mauvaise foi (acte III, scène 3). Fidèle à sa ligne de conduite (elle évite d'influencer sa fille Henriette dans son choix), elle a pourtant ses moments de faiblesse devant les jeunes « danseurs » (acte I, scènes 3 et 4 ; acte II, scène 9), mais se reprend vite. Elle casse auprès du spectateur l'image que Perrichon voudrait donner de lui-même (« Comment ! vous allez vous faire auteur à présent ? », acte I, scène 2), et révèle la fragilité du pouvoir exercé par le chef de famille (acte III, scène 4).

Henriette :
une discrète ingénue

Les Perrichon sont représentatifs de la famille bourgeoise de l'époque, qui compte un nombre réduit d'enfants : avoir peu d'héritiers, c'est leur assurer un avenir meilleur, une dot plus conséquente (pour les filles) et une meilleure éducation. Perrichon se montre soucieux de protéger sa fille de l'immoralité du monde (acte I, scène 9), mais celle-ci n'est pas en danger d'y succomber. Obéissante, parlant peu, elle tarde à comprendre pourquoi on lui fait arranger sa mise devant M. Armand (acte II, scène 9). C'est néanmoins tout naturellement que cette jolie blonde se prépare au mariage (acte III, scène 4) ; elle s'est déjà rendue aux bals d'arrondissement, sait qu'elle ne veut pas de Daniel, et éprouve pour « M. Armand » une inclination réelle, qu'elle parvient à lui déclarer malgré sa réserve (acte IV, scène 8). Sa situation met évidemment en lumière l'égoïsme de son père, mais Henriette ne formule elle-même aucun reproche, elle ne se bat pas non plus pour imposer son choix, laissant ce soin à sa mère.

Les célibataires : une note de libertinage

Figure traditionnelle du vaudeville, le célibataire représente un danger pour le bon bourgeois, car il risque de séduire ses filles ou, pire, son épouse, et s'auréole d'une réputation sulfureuse qui ébranle les valeurs morales de la famille. Trois personnages de *Perrichon* sont officiellement « garçons » : Daniel et Armand, d'une part, le commandant Mathieu, d'autre part. Mais leur statut dans la pièce est fort différent. Les deux premiers, d'excellente famille l'un et l'autre, ne menacent pas la famille Perrichon. Dotés de situations plus qu'honorables (Armand est banquier et Daniel, gérant d'une société de « paquebots »), ils ne sont pas célibataires par choix de vie, mais simplement parce qu'ils sont encore à la recherche de l'épouse qui leur assurera un bonheur tranquille. Bénéficiant de nombreux loisirs, insouciants, ils sont capables, à l'occasion, d'un discret libertinage (acte II, scène 1) et ils ont déjà un peu vécu (à l'acte II, scène 8, Armand avoue au Commandant avoir « connu » une certaine Anita, sans doute la même que celle qui « affole » actuellement le militaire). Mais, oubliant ces péchés de jeunesse, ils sont prêts à respecter toutes les formalités d'une demande en mariage régulière. Malgré leurs points communs, ils ne sont pas interchangeables : Armand – et cela le rend sympathique à Henriette – est plus sincère et plus naïf que Daniel qui connaît déjà l'art de manipuler son prochain (acte IV, scène 8) et livre au spectateur une véritable « radiographie » de Perrichon. De son côté, le Commandant met l'honorable carrossier en péril, physiquement et moralement. Au début, le danger paraît lointain (le livre d'or), puis il se rapproche (la visite mentionnée par Jean à l'acte III, scène 1) et, quand Mathieu est enfin en présence de Perrichon, il le confronte à la perspective d'un duel sanglant et d'une mort affreuse, menace physique que cependant personne, sauf Perrichon, ne prend au sérieux, comédie oblige (acte IV, scène 3). Par sa personnalité, ensuite, il représente une alternative sympathique à l'honorabilité un peu raide de Perrichon qu'il déstabilise moralement : célibataire convaincu, il multipliait jusque-là les conquêtes, mais le voilà, à cinquante ans, amoureux d'une « petite » (comprenons : une jeunette) qui l'exploite et lui « rit au nez » ; il assume cette faiblesse et avoue sans honte, après avoir provoqué Perrichon en duel, qu'il va aller « choisir des étoffes, des meubles » (acte III, scène 10). Par bien des côtés, c'est donc l'« anti-Perrichon » : lucide sur lui-même, coureur de jupons, intrépide, dépensier, toujours pas « rangé » malgré son âge mûr, facétieux (voir l'épisode du livre d'or à l'acte II, scène 8), il partage cependant avec le carrossier susceptibilité et sens de l'honneur.

Majorin :
« un ami qui vous veut du bien »

À sa manière, Majorin se situe lui aussi à l'opposé de Perrichon, car il souffre des défauts que la richesse épargne au carrossier : fielleux, malveillant, misanthrope, il n'a pas réussi dans la vie, et en veut à la terre entière. Alors que Perrichon occupe l'espace, c'est un personnage sans envergure qu'on peut sans remords bousculer (acte I, scène 1), inviter puis « désinviter » (acte III, scènes 5 et 6). Majorin ressemble pourtant à Perrichon par son ingratitude et son refus d'être mis en situation d'obligé ; une fois sa dette remboursée, pour montrer son indépendance, il finira même par vouvoyer son « ami » (acte IV, scène 10) ! On a pu dire que le personnage de Majorin était inutile dans la pièce. En fait, il joue le rôle d'un miroir déformant qui fait prendre conscience à Perrichon de ses défauts, et l'amène indirectement à choisir Armand pour gendre.

Joseph et Jean, les deux serviteurs

Les domestiques n'interviennent pas dans l'action de la pièce (la distraction de Jean, qui omet de donner à Perrichon la carte du Commandant, est sans conséquence réelle). En revanche, leurs rapports avec leurs maîtres respectifs sont révélateurs. Joseph est dévoué au Commandant et souffre de ses vains efforts pour oublier Anita, ce qui rend le militaire sympathique aux yeux des spectateurs (acte I, scène 7). Jean, lui, ne se fait pas d'illusions sur Perrichon (acte III, scène 2 : « Perrichon : – [...] Ah ! tu ne sais pas, j'ai sauvé un homme ! Jean, *incrédule*. – Monsieur ?... Allons donc !... »). Dans ses apartés (destinés autant à renseigner le public qu'à le faire rire), Jean commente les états par lesquels passe son patron (acte IV, scène 5). Ne supportant pas d'être ainsi mis à nu, Perrichon le congédie, provoquant sa stupéfaction car, au fond, Jean ne pense pas à mal et, comme tout un chacun, porte sur le carrossier un regard dépourvu d'hostilité.

Le Voyage de Monsieur Perrichon : vaudeville ou comédie ?

En 1982, Jean Le Poulain avait, à la Comédie-Française, mis en scène *Le Voyage de Monsieur Perrichon* en ajoutant des couplets à la fin de chaque acte, renouant avec la tradition musicale du vaudeville, alors que Labiche revendiquait le statut de comédie pour sa pièce. On peut en effet hésiter à la classer : elle a été écrite à la charnière de deux époques, au moment de la mort du sérieux Eugène Scribe (1791-1861) et de la naissance de Georges Feydeau (1862-1921), considéré avec Labiche comme un maître du vaudeville, mais dans un registre beaucoup plus leste.

La vigueur du vaudeville... et ses invraisemblances

Cette réputation d'auteur « léger », Labiche l'a lui-même entretenue en déclarant en plusieurs occasions être un « rieur » et trouver son inspiration dans sa « bonne humeur » et son optimisme naturels (voir page 16). Du vaudeville, *Perrichon* garde donc d'abord la gaieté mais aussi l'action haletante, en particulier aux actes II et III où se succèdent à une allure soutenue sauvetages, revirements et catastrophes : tout vaudeville est bâti sur ce thème de la catastrophe que l'on frôle ou dans laquelle on se débat. Même remarque pour l'intrigue double, au mécanisme impeccable de « pièce bien faite » : au gré des rebondissements, des coups de théâtre et des retournements de situation cocasses, on marche sans temps mort vers le dénouement d'une intrigue (voir Compléments notionnels, p. 233) dont tous les éléments (y compris les objets, comme le livre des voyageurs à l'auberge) forment une machinerie compliquée et néanmoins d'une logique implacable ; la synthèse se fait dans les deux derniers actes entre les deux « arguments » en apparence sans rapport entre eux, la rivalité Armand/Daniel d'une part, et le duel Perrichon/Mathieu d'autre part, à partir du moment où Armand s'efforce de sauver Perrichon de la catastrophe. Ce dynamisme et cette maîtrise de l'intrigue illustrent bien le principe de Labiche : « Une pièce est une bête à mille pattes qui doit toujours être en route. Si elle se ralentit, le public bâille ; si elle s'arrête, il siffle. » (lettre à Abraham Dreyfus). Les nombreuses entrées et sorties de personnages, y compris à l'intérieur des scènes, illustrent bien cette « fièvre » qui anime *Perrichon*.

Autre particularité : l'action se déroule dans une temporalité que l'auteur ralentit ou précipite selon ses besoins, par une convention certes habituelle au théâtre, mais dont le vaudeville use et abuse (mais comment faire autrement quand on n'a qu'un acte pour tout ficeler ?). Ainsi, à l'acte IV, Daniel n'a besoin que de quelques scènes pour aller à l'autre bout de Paris et en revenir. Plus généralement, le temps de l'action (temps durant lequel se déroule l'histoire) et le temps de la représentation (temps que passent les acteurs sur scène) sont en fort décalage, et plusieurs semaines séparent le premier lever de rideau et la fin de la pièce : trois ou quatre jours se sont écoulés entre la fin de l'acte I et le début de l'acte II, et au minimum deux semaines entre la fin de l'acte II et le début de l'acte III (les actes III et IV, au contraire, ne sont séparés que par une nuit). Nous sommes loin de « l'unité de temps » du théâtre classique où la « crise » devait se dénouer en vingt-quatre heures. Labiche n'a d'ailleurs pas davantage le souci de « l'unité de lieu » chère aux théoriciens ; la gare de Lyon, la mer de Glace, puis de nouveau Paris, mais en deux endroits différents, sans compter tous les lieux évoqués au passage (Dijon, Lyon, Genève, Chamouny, Grenoble) : comme il devait s'y attendre, le spectateur « voyage ».

Perrichon présente deux autres particularités qui sont aussi un héritage du vaudeville. On peut d'abord relever dans la pièce certaines invraisemblances qui sont une loi du genre mais qui, la rapidité de l'action aidant, passent inaperçues aux yeux du spectateur ; le lecteur, lui, se demande comment le Commandant a retrouvé la trace d'Armand à l'auberge (acte II, scène 8) et pourquoi il est manifestement revenu après le départ des Perrichon consulter de nouveau le livre des voyageurs (il y a un véritable effet de surprise quand il apparaît chez Perrichon à l'acte III). Héritage du vaudeville encore, le ridicule de certains noms propres ; Perrichon, bien sûr (avec ce suffixe diminutif et souvent dépréciatif que l'on rencontre aussi dans « cornichon », « maigrichon », « pâlichon », etc.), mais aussi Majorin (un radical « major » qui grandit, et un suffixe « in » qui diminue et rime, est-ce un hasard ? avec « mesquin »), Turneps, l'associé d'Armand (sa consonance anglo-saxonne évoque le navet : *turnip*) ou encore Pingley : on imagine les jeux de mots qu'il évoque (ce nom sera d'ailleurs réutilisé, avec un *t* final, par Feydeau dans *L'Hôtel du libre échange*).

Une comédie, tout simplement

Cependant, plusieurs éléments plaident pour que l'on considère plutôt la pièce comme une comédie. D'abord, le vaudeville met généralement en scène la petite bourgeoisie, facile à tourner en ridicule. Avec le personnage de Perrichon, Labiche s'attaque à plus forte partie (à la grande frayeur du directeur du Gymnase qui prévoyait l'echec de la pièce), et critique des gens qui comptent dans la société, même s'ils ne sont pas les plus puissants.

Les critiques en ont longuement débattu : faut-il voir dans le théâtre de Labiche une satire de la Bourgeoisie avec un grand « B », et donc dans *Perrichon* une « comédie de mœurs » ? En fait, la pièce illustre certains travers qui ne sont pas nécessairement bourgeois : ingratitude, bêtise, vanité. Le metteur en scène André Barsacq résumait ainsi cette universalité : « Si Monsieur Sarcey pouvait ressusciter, il constaterait que de nos jours on continue à rire aux pièces de Labiche. » *Perrichon* est donc plutôt une « comédie de caractère » où la personnalité de la figure centrale, Perrichon, compte autant que l'action ; certaines scènes en effet ont pour seule fonction d'approfondir son portrait, par exemple à la gare (acte I,

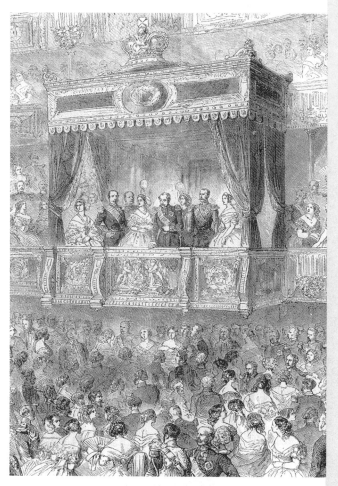

Gravure de Gustave Jamet.
Spectacle de gala sous Napoléon III.

scènes 5 et 8) ou encore la scène 4 de l'acte II où éclate sa mauvaise foi lorsque Henriette se prononce. Le vaudeville en un acte ne peut s'attarder autant sur l'étude des caractères, qui est ici assez fouillée (voir page 195). Ce qui explique pourquoi le spectateur bourgeois s'amuse, au lieu de se reconnaître dans le portrait et de s'en offusquer, c'est qu'il se sent supérieur (l'auteur le lui laisse entendre, par le jeu des apartés) à un Perrichon ridicule dont les propos et les lâchetés font rire malgré lui. Le public accepte la leçon sans même s'en rendre compte : rire des défauts d'autrui, c'est s'interdire, au moins provisoirement, de les reproduire. C'est bien la définition de la comédie : *castigat ridendo mores*, elle corrige les mœurs par le rire.

Une pièce sage

L'académicien John Lemoinne, recevant Labiche sous la Coupole, indiquait non sans malice que *Le Voyage de Monsieur Perrichon* pouvait être représenté dans un pensionnat de jeunes filles, en toute sécurité pour leur morale et sans que l'essentiel en souffre, moyennant une adaptation mineure consistant à remplacer Henriette, objet du désir de deux hommes, par le fonds de carrosserie de Perrichon. Lemoinne mettait ainsi en lumière une caractéristique de la pièce qui l'éloigne encore du vaudeville. Car on est un peu coquin habituellement chez Labiche, comme en témoignent la conduite du jeune Edgar, pourtant déjà fiancé, avec sa bonne Florestine (*Edgar et sa bonne*, 1852), ou le droit, réclamé par une épouse trompée (et corse), de rendre « coup de canif pour coup de canif » au contrat de mariage avec lequel son époux prend quelques libertés (*Si jamais je te pince !*, 1856)…

Perrichon est donc incontestablement une comédie, mais qui conserve le dynamisme des meilleurs vaudevilles. Attention toutefois aux hiérarchies : Philippe Soupault parlait à propos d'une autre pièce de Labiche, *La Cagnotte*, de « confusion regrettable de deux genres » (comédie et vaudeville). Et le critique Michel Cournot écrivait dans *Le Monde* du 19 février 1982, à propos de la mise en scène de la pièce à la Comédie-Française : « *Perrichon* est […] au moins un excellent vaudeville, clair, rapide et accentué. » Un bon vaudeville est-il « moins » qu'une bonne comédie, ou simplement « autre chose » ? Quel que soit le genre, le talent de Labiche n'en est pas moins grand.

Correspondances

—1—

Le genre du vaudeville est souvent associé aux pièces de Feydeau, plus encore qu'à celles de Labiche. Méprises, substitutions, catastrophes s'y succèdent à un rythme vraiment effréné, et l'auteur à la différence de Labiche n'hésite pas à placer ses personnages dans des situations fort scabreuses. Dans cet extrait, Maggy, l'épouse de Soldignac, « un Anglais de Marseille », se prépare à tromper son mari dans une chambre d'hôtel avec Vatelin ; ce qu'elle ignore, c'est que, pendant qu'elle était dans le cabinet de toilette, son mari, qui la fait surveiller mais la croit allée à une autre adresse, est entré dans la chambre de Vatelin.

[…]

Soldignac. – Figurez-vous que j'étais venu à cet hôtel pour un rendez-vous avec une personne qu'elle n'a pas pu m'attendre et qu'elle me priait de loui excuser.

Vatelin, *dont l'esprit est ailleurs.* – Oui, oui, oui.

Soldignac. – Elle a dou aller soigner son mère très malade. *(S'arrêtant et le regardant.)* Ça vous intéresse pas que je vous dis ? *Il lui a quitté le bras.*

Vatelin, *semblant sortir d'un rêve.* – Beaucoup ! je vous suis ! Vous disiez « malade », je suis très content !… Vous êtes malade ?…

Soldignac. – Qui ?

Vatelin. – Vous !

Soldignac. – No, pas moa… elle !

Vatelin. – Ah ! elle !

Soldignac. – Yes !… la mère.

Vatelin. – Ah ! la mère !… la vieille dame, c'est bien ça, elle est malade.

Soldignac. – Alors, que faire ?… Mon Dieu, me direz-vous, vous pouvez vous en aller…

Vatelin, *le faisant remonter vers la porte.* – Hein ! Vous en aller ? mais comment donc ! allez ! allez donc ! Ne vous gênez pas pour moi !

[...]

Soldignac. – No ! M'en aller, je pouis justement pas. Comme je savais que je serais cet soir à l'hôtel, j'y avais donné rendez-vous au commissaire de police.

Vatelin, *tombant sur la chaise près de la table.* – Au commissaire de police !

Soldignac. – Bien oui !... vous savez bien que je fais pincer ma femme cet soir.

Vatelin, *à part.* – Mon Dieu ! Est-ce qu'il se douterait ? *(Haut.)* Elle n'est pas ici ! Elle n'est pas ici !...

Soldignac. – Qui ! Ma femme ? Je sais bien, elle est rue Roquepaïne.

Vatelin, *se levant.* – Ah ! oui, oui ! *(À part.)* Il ne sait rien !

Soldignac. – Le commissaire doit être en train de la surprendre en ce moment.

Vatelin remonte vers la porte de droite. – Oui, oui, oui, oui.

Soldignac, *se levant.* – Pour plus de sûreté, il la fait filer depuis ce matin. Ça ne vous intéresse pas ce que je vous dis ?...

Vatelin, *allant à lui.* – Si ! si ! si !... Vous me disiez : « Malade... elle est malade... »

Soldignac. – Aoh ! no, plus maintenant.

Vatelin. – Ah ! elle est morte !... C'est toujours un pas de fait !...

Soldignac. – Mais no !... Je disais « ma femme »...

Vatelin. – Ah ! oui, votre femme !... qui est là...

Soldignac. – Comment ?

Vatelin. – ... Qui est là-bas... rue Roquépine !...

Soldignac. – Yes !... il la fait filer !...

Vatelin, *de plus en plus troublé.* – Elle est partie !... Elle a filé !... *Il remonte.*

Soldignac. – Le commissaire doit m'envoyer ici des nouvelles aussitôt que ce sera terminé.

Vatelin, *au fond, à droite.* – Voilà ! parfait ! parfait.

Soldignac. – Mais qu'est-ce que vous l'avez à être agité comme ça ?

Vatelin, *remontant à Soldignac.* – Moi ! agité ! pas du tout ! J'ai l'air agité ?

Soldignac. – Oui, vous êtes malade ?

Vatelin, *les pouces dans les poches de son gilet.* – Non, oui, oh ! un peu, très peu !

[...]

(Remontant, tandis que Soldignac va s'asseoir sur le canapé.) Ah ! mon Dieu ! mon Dieu !

À ce moment, par la porte de droite qui s'est entrebâillée, on voit le bras de Maggy qui dépose son corsage sur la chaise à côté de la porte.

Soldignac, *qui a vu le bras.* – Aoh ! joli ! très joli !

Vatelin, *qui s'est retourné à la voix de Soldignac, à part.* – Sapristi ! le bras de Maggy !... *(Haut.)* Vous avez vu ? C'est... c'est un bras.

Soldignac, *s'asseyant dans le canapé.* – Aoh ! je voa ! Très joli, té, le coquinasse ! À qui ce bras ?

Il pose son chapeau sur la table.

Vatelin. – Je ne sais pas ! C'est pas d'ici ! C'est un bras qui est là... alors, il est venu !... il est venu sans venir !... c'est le bras du voisin !...

Soldignac. – Blagueur !... C'est le bras de votre femme.

Vatelin. – Voilà vous l'avez dit, c'est le bras de votre femme... de ma femme... du voisin qui est ma femme !...

Il ramasse le corsage déposé par Maggy, mais au moment où il se dispose à remonter, le bras reparaît, tenant la jupe de Maggy. Vatelin se précipite dessus, arrache la robe et la fourre ainsi que le corsage sous le lit.

Soldignac. – Eh bien ! mon cher... mais où êtes-vous donc ?

Vatelin, *redescendant.* – Voilà ! Voilà !

Soldignac. – Asseyez-vous donc là, près de moi !

Vatelin, *s'asseyant sur le dossier du canapé, à part.* – Ça y est ! le voilà installé !...

Soldignac. – Je vous fais mes compliments, madame a un bras !...

À ce moment Maggy, sans se douter que son mari est là, entre carrément en scène. Elle est en robe de chambre, son bonnet à trois pièces sur la tête. En reconnaissant son mari, elle pousse un cri étouffé et se précipite d'où elle vient. Au cri, Soldignac tourne la tête, mais Vatelin, qui a devancé son intention, lui attrape la tête de ses deux mains et la ramène face à lui.

Soldignac. – Aoh ! What is it ?

Vatelin. – Je vous demande pardon... mais c'est ma femme, elle était dans une tenue, alors...

Soldignac. – Ah ! oui, oui, pardon. Aoh ! vous avez bien fait.

Vatelin. – N'est-ce pas ! Tenez ! Venez donc faire une partie de billard. *Il le prend par le bras et l'entraîne.* [...]

Georges Feydeau, *Le Dindon*, acte II, scène 12 (extraits).

2

Autre exemple de texte de vaudeville pouvant être étudié dans le répertoire de Labiche lui-même, extrait de *Si jamais je te pince !*

Alexandra déguisée tente de surprendre son mari Faribol en flagrant délit d'infidélité ; il a rendez-vous avec une certaine Pichenette, qui aime le homard, et dont l'appartement est accessible par un café où s'est postée Alexandra.

FARIBOL (…) (*Gaiement*). – Bah ! avec beaucoup de moutarde, Pichenette le trouvera très frais ! (*Apercevant le garçon.*) Ah ! Lucien… est-elle chez elle ?

LUCIEN. – Non, monsieur… on est sorti.

FARIBOL. – Comment, sorti ?

LUCIEN, *lui donnant une clé.* – Mais elle m'a laissé la clé… elle vous prie de l'attendre là haut.

VOIX DANS LE CAFÉ. – Garçon !

LUCIEN. – Voilà ! voilà !

Il rentre.

Scène VI
FARIBOL, ALEXANDRA

FARIBOL, *seul*. – En l'attendant, je vais préparer une forte sauce !
Il va pour frapper à la maison.

ALEXANDRA, *reparaissant par le premier plan de droite ; elle a baissé son voile et ne voit pas Faribol*. – Enfin, il est parti !
Elle reprend sa faction.

FARIBOL, *à part*. – Mâtin ! le joli cou-de-pied !… j'ai bien envie d'attendre Pichenette ici. (*S'approchant.*) Madame…

ALEXANDRA, *à part*. – C'est lui ! oh ! le gueux !

FARIBOL, *faisant l'aimable*. – Pardon, madame… vous êtes égarée, je crois, dans ces parages inconnus et… assez malpropres…

ALEXANDRA, *déguisant sa voix*. – Oui, monsieur… je cherche le théâtre de l'Odéon.

FARIBOL, *à part.* – Serait-ce une femme de lettres ?... on dit qu'elles portent des bas bleus... je voudrais bien voir ça ! *(Haut.)* L'Odéon ! vous en êtes bien loin... il y a des tas de petites rues... voulez-vous me permettre de vous servir de pilote... jusqu'à ce mausolée de la tragédie ?

ALEXANDRA, *déguisant sa voix.* – Si je ne craignais d'être indiscrète...

FARIBOL – Indiscrète ?... avec cette tournure, cette distinction, ce cou-de-pied. *(À part.)* Diable de voile !... elle est peut-être laide ! *(Haut.)* Ce voile... qui me dérobe sans doute les traits les plus charmants... si vous vouliez seulement en soulever un petit coin ?...

ALEXANDRA – Flatteur !

Elle lève tout à fait son voile.

FARIBOL, *stupéfait, à part.* – Ma femme !... oye ! oye !

ALEXANDRA, *croisant les bras et se campant devant lui.* – Eh bien, monsieur !

FARIBOL, *avec aplomb.* – Je t'avais reconnue !

ALEXANDRA. – Ta ta ta !

FARIBOL. – Si ! à ta robe bleue !... c'est moi qui te l'ai donnée... ta robe bleue !...

ALEXANDRA, *apercevant le homard.* – Qu'est-ce que c'est que ça ?

FARIBOL. – C'est pour toi ! *(À part.)* Oye ! oye !

ALEXANDRA. – Vous savez bien que je n'aime pas le homard !

FARIBOL. – Comment ! tu n'aimes pas... ? *(Voulant filer.)* Je vais le reporter.

ALEXANDRA. – Un instant !... donnez !

Elle prend le homard et le pose sur une table du café.

FARIBOL, *à part.* – Confisqué !... ma sauce est faite !

ALEXANDRA, *sérieusement.* – Monsieur Faribol...

FARIBOL, *un peu intimidé.* – Alexandra ?

ALEXANDRA. – Causons un peu, s'il vous plaît ! (...)

ALEXANDRA. – Je suis née à Bastia... dans l'île de Corse...

FARIBOL. – Le sang y est superbe...

ALEXANDRA. – C'est possible... mais les femmes y ont des idées très carrées sur les droits et les devoirs respectifs des époux...

FARIBOL, *à part.* – Pourvu que Pichenette ne revienne pas !

ALEXANDRA, *continuant.* – Il y a des hommes qui considèrent leurs femmes comme des petites machines à raccommoder les chaussettes !...

FARIBOL, *jouant l'indignation.* – Oh !... les monstres !

ALEXANDRA. – Ils les prennent, les quittent, les trompent...

FARIBOL. – Que veux-tu !... ce sont des natures volcaniques... portées à la faridondaine !

ALEXANDRA. – Eh bien, et nous ?... Volcaniques ! ... est-ce que vous croyez que nous sommes bâties en mastic ou en carton-pâte ? Je demande les mêmes droits pour la femme... le droit à la faridondaine ! (...)

Le mariage est une voiture... une charrette, si vous voulez !... c'est à vous de réfléchir avant de vous y atteler... mais, quand on y est... on y est !... et, si l'un des deux quitte le brancard, je soutiens que l'autre serait bien bête de ne pas dételer et de ne pas jeter son bonnet par-dessus les moulins ! voilà ma théorie !

FARIBOL. – Elle est corse... c'est une théorie corse !

ALEXANDRA. – Œil pour œil ! dent pour dent ! coup de canif pour coup de canif !... est-ce convenu ?...

FARIBOL. – Sans doute !... sans doute !...

ALEXANDRA, *lui tendant la main.* – Alors, touche-là !...

Faribol. – Mais c'est que...

ALEXANDRA. – Tu hésites ?... prends garde... je vais croire que tu me trompes.

FARIBOL. – Moi, par exemple !... Tiens ? je tope !... je tope... des deux mains ! *(Il lui tape dans la main ; à part.)* Pourvu que Pichenette ne revienne pas !... (...)

Eugène Labiche, *Si jamais je te pince !* (1856),
Acte I, scènes 5 et 6 (extraits).

L'efficacité du langage dramatique

Que Labiche, avec *Le Voyage de Monsieur Perrichon*, soit parvenu à écrire dans un registre plus sérieux qu'à l'ordinaire, c'est une certitude. C'est d'abord à ce titre que la pièce est devenue un classique. Cependant, une œuvre dramatique ne peut connaître un destin littéraire durable que si elle a aussi, et surtout, fait ses preuves auprès du public. Si l'on excepte le cas du « théâtre de lecture », toute pièce doit « passer la rampe » auprès des spectateurs, et les amateurs de vaudevilles qui constituent le public de Labiche sont, on l'a vu, habitués aux « pièces bien faites » (voir p. 236). Mais la rigueur de la construction dramatique n'est pas tout ; une fois le canevas établi – en l'occurrence, c'est à Édouard Martin qu'on doit ce travail – le texte proprement dit – et là, c'est l'affaire de Labiche – répond à des contraintes bien particulières qui font que le langage du théâtre, le « langage dramatique », pour être efficace (et drôle, dans le cas de la comédie), ne saurait être une imitation de celui de la vie.

La double énonciation

Il faut d'abord rappeler qu'au théâtre, tout se passe comme si les personnages qui sont sur scène – imaginaires mais incarnés par des personnes réelles, les acteurs – vivaient leur vie sans avoir conscience de la présence, au-delà de la rampe, de spectateurs qui épient sans être vus tous leurs faits et gestes. Le langage dramatique se caractérise donc par ce qu'on appelle la « double énonciation » : quand ils parlent, les personnages qui sont en plein dans l'action montrée sur scène adressent évidemment la parole à d'autres personnages présents à leurs côtés, mais leur discours est aussi destiné aux spectateurs qu'il renseigne sur l'évolution de l'action et les intentions des personnages ; quelquefois, il n'est même destiné qu'à eux : s'il est rare dans la vie qu'une personne parle seule, c'est fréquent au théâtre, et chez Labiche en particulier, qui fait un large emploi de deux techniques complémentaires.

apprendre

…onologue. Un personnage seul sur scène énonce tout
…ses projets et ses réflexions, renseignant ainsi sur ses
…tentions le spectateur qui dès lors en sait plus long que les
autres personnages et peut anticiper sur l'action... du moins
dans une certaine mesure, car tout l'art de Labiche consiste
à l'emmener le cas échéant sur une fausse piste : à l'acte III,
dans les scènes 11 et 12, on voit successivement Daniel puis
Perrichon écrire aux autorités pour empêcher le duel, mais
c'est finalement l'intervention d'Armand, déclenchée par
Henriette à la fin de l'acte III, qui détraquera tout à l'acte IV.

• *L'aparté*. Un personnage qui n'est pas seul sur scène fait à
part lui une remarque qui par convention reste ignorée des
autres personnages, mais est prononcée assez fort pour que
les spectateurs l'entendent (chez Labiche, le personnage ne
s'adresse pas directement à eux). Révélant les supercheries ou
du moins les intentions et opinions cachées des personnages,
ces apartés créent une complicité entre l'auteur et la salle :

[Exemple 1]
– **Perrichon.** [...] Armand ! tenez, il faut que je vous embrasse !
– **Henriette,** *à part*. À la bonne heure ! (acte III, scène 7).

[Exemple 2]
– **Daniel,** *à part, en descendant*. Il est évident que mes
actions baissent... Si je pouvais... – **Perrichon,** *à part, au
fond*. Ce brave jeune homme... ça me fait de la peine...
Allons, il le faut ! (acte III, scène 8).

Les apartés permettent aussi de nombreux effets comiques,
en particulier quand il y a alternance de paroles prononcées
« haut » et de paroles « à part », en soulignant le décalage
entre ce qui est dit et ce qui est réellement pensé par le personnage ; mais, plus profondément, l'aparté permet à
Labiche de mettre crûment en lumière tous les « non-dits »
que recèlent les conversations :

[Exemple 1]
– **Majorin,** *à part*. Comment ! il me désinvite ? S'il croit que
j'y tiens, à son dîner ! (acte III, scène 5).

[Exemple 2]

– **Perrichon.** Commandant, vous êtes un brave militaire [...]
Je reconnais que j'ai eu des torts envers vous... et je vous
prie de croire que... *(À part.)* Sapristi ! devant mon domestique ! *(Haut.)* Je vous prie de croire qu'il n'était ni dans mes
intentions... *(Il fait signe de sortir à Jean, qui a l'air de ne
pas comprendre. À part.)* Ça m'est égal, je le mettrai à la
porte ce soir. *(Haut.)* ... ni dans ma pensée... d'offenser un
homme que j'estime et que j'honore ! – **Jean,** *à part.* Il
canne, le patron ! (acte IV, scène 5).

Parfois, les apartés se répondent, pour souligner comique-
ment une contradiction, un quiproquo (voir p. 236).

– **Perrichon,** *à part.* Je suis très contrarié... très contrarié ! J'ai
passé une partie de la nuit à écrire à mes amis que je me battais... je vais être ridicule. – **Armand,** *à part.* Il doit être bien
disposé... Essayons. *(Haut.)* Mon cher monsieur Perrichon...
(acte IV, scène 5).

L'enchaînement des répliques

Le temps de la représentation est court et le langage dramatique ne se permet aucun gaspillage ; une réplique en appelle
rapidement une autre, l'action évolue, les personnages se trahissent... et le spectateur rit ou sourit. Certains enchaînements sont uniquement d'ordre verbal (un personnage réagit
aux mots prononcés par un autre personnage, mais aussi à ses
silences), d'autres sont entraînés par les gestes ou la situation
générale. Voici les principaux procédés utilisés dans la pièce.

• *Parallélisme des mots ou des constructions de phrases*

[Exemple 1]

– **Armand.** [...] la maman m'a comblé de pastilles de chocolat. – **Daniel.** Gourmand !... vous vous êtes fait nourrir.
– **Armand.** À Lyon, nous descendons au même hôtel...
– **Daniel.** Et le papa, en nous retrouvant, s'écrie : « Ah ! quel
heureux hasard !... » – **Armand.** À Genève, même rencontre... imprévue... – **Daniel.** À Chamouny, même situa-

tion ; et <u>le Perrichon</u> de <u>s'écrier</u> toujours : « Ah ! quel heureux hasard ! » (acte II, scène 1).

[Exemple 2]
– **Perrichon.** [...] mais c'est <u>son air</u> ! <u>son air</u> me dit : « Hein ! sans moi ?... » C'est agaçant à la longue : tandis que <u>l'autre</u>... – **Madame Perrichon.** <u>L'autre</u> te répète sans cesse : « Hein, <u>sans vous</u>... hein, <u>sans vous</u> ? » Cela flatte ta vanité... <u>et voilà</u>... et <u>voilà</u> pourquoi tu le préfères. (acte III, scène 3).

• *Construction en chiasme* (comique parce que révélatrice)
– **Daniel.** Le mont Blanc et vous ! – **Perrichon.** C'est ça... moi et le mont Blanc... (acte III, scène 8).

• *Reprise de mots, répétition* d'une réplique à l'autre (avec souvent une différence de ton, source de comique)

[Exemple 1]
– **Madame Perrichon,** *allant à son mari.* <u>Remercie</u> donc.
– **Perrichon.** Qui ça ? – **Madame Perrichon.** Eh bien, M. Armand. – **Perrichon.** Ah ! oui. *(À Armand, sèchement.)* Monsieur, <u>je vous remercie</u>. (acte IV, scène 4).

[Exemple 2]
– **Perrichon.** [...] Majorin, <u>je te</u> présente un de mes bons... un de <u>mes</u> meilleurs amis... M. Daniel <u>Savary</u>... – **Majorin.** <u>Savary</u> ? des paquebots ? – **Daniel,** *saluant.* <u>Moi-même</u>. – **Perrichon.** Ah ! sans <u>moi</u>, <u>il</u> ne <u>te</u> payerait pas demain <u>ton</u> dividende. – **Majorin.** <u>Pourquoi</u> ? – **Perrichon.** <u>Pourquoi</u> ? *(Avec fatuité.)* Tout simplement <u>parce que je l</u>'ai <u>sauvé</u>, mon bon ! – **Majorin.** <u>Toi ?</u> *(À part.)* Ah çà ! ils ont donc passé leur temps à se <u>sauver</u> la vie ! (acte III, scène 7).

• *Reprise d'un champ lexical* (voir p. 233) d'une réplique à l'autre (ici, ceux de la gloire future et de la peinture)
– **Daniel.** Oh ! mais <u>votre image ne me quittera pas !</u>... j'ai formé un projet, c'est de <u>fixer sur la toile</u>, comme elle l'est déjà dans mon cœur, <u>l'héroïque scène</u> de la mer de Glace.
– **Perrichon.** <u>Un tableau !</u> Il veut me mettre dans <u>un tableau !</u>
– **Daniel.** Je me suis déjà adressé à un de nos <u>peintres les plus illustres</u>... un de ceux qui travaillent <u>pour la postérité !</u>...

– **Perrichon.** <u>La postérité</u> ! Ah ! Daniel ! *(À part.)* C'est extra-ordinaire comme j'aime ce garçon-là ! (acte III, scène 8).

• *Enchaînement syntaxique* (une réplique ne forme une phrase complète qu'avec la suivante, ou la réplique suivante n'est compréhensible qu'en référence à la précédente).

[Exemple 1]
– **Daniel.** Il n'y a presque plus de blondes ; et des yeux !
– **Armand.** Comme nous les aimons. (acte II, scène 2).

[Exemple 2]
– **Perrichon.** Qu'est-ce qu'il faut lui donner à celui-là, dix sous ? – **Madame Perrichon.** Quinze. – **Henriette.** Vingt. (acte I, scène 9).

• *Langage automatique* (le personnage reprend la réplique précédente, sans s'en rendre compte et sans la comprendre, ou il répond par réflexe, comme un perroquet)

[Exemple 1]
– **Armand.** Souvent aussi on attribue au hasard des péripéties dont il est parfaitement innocent. – **Madame Perrichon.** Ah ! oui… souvent aussi on attribue… *(À part.)* Qu'est-ce qu'il veut dire ? (acte II, scène 9).

[Exemple 2]
– **Le Commandant.** D'abord, le Montanvert était en Savoie… maintenant c'est la France ! – **Perrichon.** La France, reine des nations ! (acte IV, scène 5).

• *L'absurde* (enchaînements comiques parce qu'illogiques).
– **Perrichon.** Ce cher ami ! […] Tu dînes avec nous ? nous avons une petite barbue… – **Majorin.** Mais… si ce n'est pas indiscret… – **Jean,** *bas, à Perrichon.* Monsieur… c'est du veau à la casserole ! – **Perrichon.** Ah ! *(À Majorin.)* Allons, n'en parlons plus, ce sera pour une autre fois… (acte III, scène 5).

• *Réaction d'un personnage à un geste* effectué par un autre personnage, à l'aide ou non d'un « accessoire ».

[Exemple 1]
– **Perrichon,** *achevant d'écrire.* […] « Que l'homme est petit

quand on le contemple du haut de la *mère* de Glace ! » [...]
Ce n'est pas l'idée de tout le monde. – **Daniel,** *à part.* Ni
l'orthographe ; il a écrit *mère, r, e, re !* (acte II, scène 7).

[Exemple 2]
– **Madame Perrichon,** *à l'aubergiste.* Vous ferez reconduire
le cheval, nous retournerons tous en voiture... – **Perrichon,**
se levant. Mais je t'assure, ma chère amie, que je suis assez
bon cavalier... *(Poussant un cri.)* Aïe ! – **Tous.** Quoi ?
– **Perrichon.** Rien !... les reins ! Vous ferez reconduire le cheval ! (acte II, scène 3).

• *L'interruption d'un personnage par un autre* (souvent pour
éviter une remarque ou une situation embarrassante).
– **Joseph.** [...] Ça me fait de la peine de voir un brave
homme comme vous harcelé par des créanciers... et pour
qui ? pour une... – **Le Commandant.** Allons, c'est bien !
Donne-moi ma valise, et écris-moi à Genève... demain ou ce
soir ! Bonjour ! (acte I, scène 7).

• *Un personnage s'interrompt volontairement et fait silence,*
par exemple pour créer un effet de surprise.
– **Perrichon.** J'ai déjà fait beaucoup pour vous... je veux
faire plus encore... Je veux vous donner... – **Daniel,** *remer-*
ciant. Ah ! monsieur ! – **Perrichon,** *froidement.* Un conseil...
(Bas.) Parlez moins haut quand vous serez près d'une porte.
(acte IV, scène 9).

• *Absence d'enchaînement :* la conversation « tombe », un
silence se fait et correspond à une situation précise (tension
qui monte, embarras, personnage guettant les réactions de
son interlocuteur, etc.)
– **Le Commandant.** [...] Monsieur, voilà douze jours que je
vous cherche. Il y a beaucoup de Perrichon à Paris... j'en ai
déjà visité une douzaine... mais je suis tenace... – **Perrichon,**
lui indiquant un siège à gauche du guéridon. Vous avez
quelque chose à me communiquer ? *Il s'assied sur le canapé.*
Daniel remonte. – **Le Commandant,** *s'asseyant.* Je n'en sais
rien encore... (acte III, scène 9).

Rythme, cadence et tempo des répliques

• Un auteur crée un *rythme* à partir du moment où il répète dans le texte, une ou plusieurs fois à intervalles rapprochés, des éléments semblables (mots, groupes de mots ou idées) :

– répétitions de mots ou d'expressions (par exemple, à l'acte III, scène 6, Perrichon répète par deux fois en aparté, à propos d'Armand : « Il a toujours son petit air protecteur », « Toujours son petit air ! », faisant ainsi écho à ce qu'il disait à son épouse à la scène 3 : « Je ne lui reproche rien, à ce garçon, mais je lui trouve un petit air pincé », « Oui, il a un ton protecteur… des manières… », « mais c'est son air ! son air me dit : "Hein, sans moi ?" C'est agaçant à la longue » ;

– répétitions de sons (allitérations : sons-consonnes, et assonances : sons-voyelles) :

– **Majorin.** Que d'histoires ! pour six cents francs !… et ça va en Suisse !… Carrossier !… – **Perrichon.** Ah ! sapristi ! on distribue les billets ! (acte I, scène 6).

• La *cadence* concerne l'étude du nombre des syllabes dans les différents membres de la phrase. Par exemple, l'alternance de membres de phrases longs et courts dans une réplique, la différence de longueur d'une réplique à l'autre, créent un effet comique et renforcent le contraste entre les personnages :

– **Perrichon.** Par ici !… ne nous quittons pas ! nous ne pourrions plus nous retrouver… (3 + 5 + 7 syllabes : cadence majeure, croissante, montée de l'affolement chez Perrichon) Où sont nos bagages ? Ah ! très bien. (5 + 3 syllabes : cadence mineure, décroissante, retour au calme) Qui est-ce qui a les parapluies ? (8 syllabes, Perrichon est affolé de nouveau) – **Henriette.** Moi, papa. (3 syllabes, calme du personnage) – **Perrichon.** Et le sac de nuit ?… les manteaux ?… (affolement de Perrichon, qui halète sur un rythme 5 + 3) – **Madame Perrichon.** Les voici ! (3 syllabes, calme relatif de Mme Perrichon) – **Perrichon.** Et mon panama ? Il est resté dans le fiacre ! Ah ! non ! je l'ai à la main… Dieu, que j'ai chaud ! (cadence très perturbée, fébrilité de Perrichon) (acte I, scène 2).

• Le *tempo* est la vitesse à laquelle une scène doit être jouée, ou à laquelle une réplique doit être dite. Dans *Perrichon*, le tempo, généralement vif du fait d'un enchaînement rapide des répliques, peut varier considérablement et il arrive à Labiche de jouer sur des tempos différents d'une réplique à l'autre (dans l'exemple suivant, la lenteur calculée de Perrichon contraste avec l'impatience de sa femme et de sa fille) :

– **Perrichon.** [...] *(Racontant.)* C'est horrible !... Nous étions sur la mer de Glace... Le mont Blanc nous regardait, tranquille et majestueux... – **Daniel**, *à part.* Le récit de Théramène ! – **Madame Perrichon.** Mais dépêche-toi donc ! – **Henriette.** Mon père ! – **Perrichon.** Un instant, que diable ! Depuis cinq minutes, nous suivions, tout pensifs, un sentier abrupt qui serpentait entre deux crevasses... de glace ! Je marchais le premier. – **Madame Perrichon.** Quelle imprudence ! – **Perrichon.** [...] je me retourne : monsieur venait de disparaître dans un de ces abîmes sans fond dont la vue seule fait frissonner... – **Madame Perrichon**, *impatientée.* Mon ami... (acte II, scène 10).

Correspondances

• La double énonciation
– Le monologue

Harpagon vient de découvrir la disparition de son argent, contenu dans une cassette. Dans ce célèbre monologue, il s'adresse tantôt à lui-même, tantôt à un « autre lui-même » (en subissant un véritable dédoublement), tantôt directement aux spectateurs qu'il soupçonne après les avoir pris à témoins.

SCÈNE VII
Harpagon, criant au voleur dès le jardin.

Au voleur ! au voleur ! à l'assassin ! au meurtrier ! Justice, juste ciel ! je suis perdu, je suis assassiné ; on m'a coupé la gorge : on m'a dérobé mon argent. Qui peut-ce être ? Qu'est-il devenu ? Où est-il ? Où se cache-t-il ? Que ferai-je pour le trouver ? Où courir ? Où ne pas courir ? N'est-il point là ? N'est-il point ici ? Qui est-ce ? Arrête. *(À lui-même, se prenant le bras.)* Rends-moi mon argent, coquin... Ah ! c'est moi ! Mon esprit est troublé, et j'ignore où je suis, qui je suis, et ce que je fais. Hélas ! mon pauvre argent ! mon pauvre argent ! mon cher ami ! on m'a privé de toi ; et, puisque tu m'es enlevé, j'ai perdu mon support, ma consolation, ma joie : tout est fini pour moi, et je n'ai plus que faire au monde. Sans toi, il m'est impossible de vivre. C'en est fait ; je n'en puis plus ; je me meurs ; je suis mort ; je suis enterré. N'y a-t-il personne qui veuille me ressusciter, en me rendant mon cher argent, ou en m'apprenant qui l'a pris ? Euh ! que dites-vous ? Ce n'est personne. Il faut, qui que ce soit qui ait fait le coup, qu'avec beaucoup de soin on ait épié l'heure ; et l'on a choisi justement le temps que je parlais à mon traître de fils. Sortons. Je veux aller quérir la justice, et faire donner la question à toute ma maison ; à servantes, à valets, à fils, à fille, et à moi aussi. Que de gens assemblés ! Je ne jette mes regards sur personne qui ne me donne des soupçons, et tout me semble mon voleur. Hé ! de quoi est-ce qu'on parle là ? de celui qui m'a dérobé ? Quel bruit fait-on là-haut ? Est-ce mon voleur qui y est ? De grâce, si l'on sait des nouvelles de mon voleur, je supplie que l'on m'en dise. N'est-il point caché là parmi vous ? Ils me regardent tous, et se mettent à rire. Vous verrez qu'ils ont part, sans doute, au vol que l'on m'a fait. Allons vite, des commissaires, des archers, des prévôts, des juges, des gênes, des potences et des bourreaux. Je veux faire pendre tout le monde ; et, si je ne retrouve mon argent, je me pendrai moi-même après.

Molière, *L'Avare* (1668), acte IV, scène 7.

– L'aparté
Argante vient de découvrir que son fils Octave s'est marié en cachette pendant son absence ; Sylvestre, valet d'Octave, n'a pas surveillé d'assez près le jeune homme. Maître et valet comptent sur l'aide de Scapin pour sortir de ce mauvais pas. À l'aparté d'Argante, qui se croit seul, répondent le dialogue en aparté Scapin-Sylvestre ainsi que les apartés de Scapin. Le spectateur est évidemment le seul à tout entendre…

SCÈNE IV
Argante, Scapin et Sylvestre dans le fond du théâtre.

Argante, *se croyant seul.* – A-t-on jamais ouï parler d'une action pareille à celle-là ?

Scapin, *à Sylvestre.* – Il a déjà appris l'affaire ; et elle lui tient si fort en tête, que, tout seul, il en parle haut.

Argante, *se croyant seul.* – Voilà une témérité bien grande.

Scapin, *à Sylvestre.* – Écoutons-le un peu.

Argante, *se croyant seul.* – Je voudrais bien savoir ce qu'ils me pourront dire sur ce beau mariage.

Scapin, *à part.* – Nous y avons songé.

Argante, *se croyant seul.* – Tâcheront-ils de me nier la chose ?

Scapin, *à part.* – Non, nous n'y pensons pas.

Argante, *se croyant seul.* – Ou s'ils entreprendront de l'excuser ?

Scapin, *à part.* – Celui-là se pourra faire.

Argante, *se croyant seul.* – Prétendront-ils m'amuser par des contes en l'air ?

Scapin, *à part.* – Peut-être.

Argante, *se croyant seul.* – Tous leurs discours seront inutiles.

Scapin, *à part.* – Nous allons voir.

Argante, *se croyant seul.* – Ils ne m'en donneront point à garder.

Scapin, *à part.* – Ne jurons de rien.

Argante, *se croyant seul.* – Je saurai mettre mon pendard de fils en lieu de sûreté.

Scapin, *à part.* – Nous y pourvoirons.

Argante, *se croyant seul.* – Et pour le coquin de Sylvestre, je le rouerai de coups.

Sylvestre, *à Scapin.* – J'étais bien étonné s'il m'oubliait.

Argante, *apercevant Sylvestre.* – Ah ! ah ! vous voilà donc, sage gouverneur de famille, beau directeur de jeunes gens !

Scapin. – Monsieur, je suis ravi de vous voir de retour.

Argante. – Bonjour, Scapin. *(À Sylvestre.)* Vous avez suivi mes ordres vraiment d'une belle manière ! et mon fils s'est comporté fort sagement pendant mon absence !

Scapin. – Vous vous portez bien, à ce que je vois.

Argante. – Assez bien. *(À Sylvestre.)* Tu ne dis mot, coquin, tu ne dis mot.

Scapin. – Votre voyage a-t-il été bon ?

Argante. – Mon Dieu, fort bon ! Laisse-moi un peu quereller en repos.

Scapin. – Vous voulez quereller ?

Argante. – Oui, je veux quereller.

Scapin. – Hé, qui, monsieur ?

Argante, *montrant Sylvestre.* – Ce maraud-là.

Scapin. – Pourquoi ?

Argante. – Tu n'as pas ouï parler de ce qui s'est passé dans mon absence ?

Scapin. – J'ai bien ouï parler de quelque petite chose.

Argante. – Comment ! quelque petite chose ! Une action de cette nature !

Scapin. – Vous avez quelque raison.

Argante. – Une hardiesse pareille à celle-là !

Scapin. – Cela est vrai.

Argante. – Un fils qui se marie sans le consentement de son père !

Scapin. – Oui, il y a quelque chose à dire à cela. Mais je serais d'avis que vous ne fissiez point de bruit. [...]

> Molière, *Les Fourberies de Scapin* (1671), acte I, scène 4.

• L'enchaînement des répliques

Le Prince a enlevé Silvia et désire l'épouser. Mais la jeune fille n'aime qu'Arlequin. Lisette est donc envoyée auprès d'Arlequin pour le séduire et le détacher de Silvia ; elle n'y parviendra pas, mais l'enchaînement des répliques marque les progrès dans la communication entre les deux personnages : Arlequin refuse d'abord de parler à Lisette ; puis il reprend, de manière désagréable ou ironique, les termes employés par elle ; enfin, sa volonté de poursuivre néanmoins la conversation se traduit par un enchaînement différent : Arlequin répond plus naturellement, finissant par prendre l'initiative de poser lui-même des questions à Lisette... et de lui parler de Silvia, ce qui met un terme à l'entretien.

SCÈNE VI
Arlequin, Lisette.

Arlequin, *se retirant au coin du théâtre.* – Je gage que voilà une éveillée qui vient pour m'affriander d'elle. Néant !

Lisette, *doucement.* – C'est donc vous, Monsieur, qui êtes l'amant de Mademoiselle Silvia ?

Arlequin, *froidement.* – Oui.

Lisette. – C'est une très jolie fille.

Arlequin, *du même ton.* – Oui.

Lisette. – Tout le monde l'aime.

Arlequin, *brusquement.* – Tout le monde a tort.

Lisette. – Pourquoi cela, puisqu'elle le mérite ?

Arlequin, *brusquement.* – C'est qu'elle n'aimera personne que moi.

Lisette. – Je n'en doute pas, et je lui pardonne son attachement pour vous.

Arlequin. – À quoi cela sert-il, ce pardon-là ?

Lisette. – Je veux dire que je ne suis plus si surprise que je l'étais de son obstination à vous aimer.

Arlequin. – Et en vertu de quoi étiez-vous surprise ?

Lisette. – C'est qu'elle refuse un Prince aimable.

Arlequin. – Et quand il serait aimable, cela empêche-t-il que je ne le sois aussi, moi ?

Lisette, *d'un air doux*. – Non, mais enfin c'est un Prince.

Arlequin. – Qu'importe ? En fait de fille, ce Prince n'est pas plus avancé que moi.

Lisette, *doucement*. – À la bonne heure. J'entends seulement qu'il a des sujets et des États, et que, tout aimable que vous êtes, vous n'en avez point.

Arlequin. – Vous me la baillez belle avec vos sujets et vos États ! Si je n'ai pas de sujets, je n'ai charge de personne ; et si tout va bien, je m'en réjouis ; si tout va mal, ce n'est pas ma faute. Pour des États, qu'on en ait ou qu'on n'en ait point, on n'en tient pas plus de place, et cela ne rend ni plus beau, ni plus laid. Ainsi, de toutes façons, vous étiez surprise à propos de rien.

Lisette, *à part*. – Voilà un vilain petit homme : je lui fais des compliments, et il me querelle !

Arlequin, *comme lui demandant ce qu'elle dit*. – Hein ?

Lisette. – J'ai du malheur de ce que je vous dis ; et j'avoue qu'à vous voir seulement, je me serais promis une conversation plus douce.

Arlequin. – Dame ! Mademoiselle, il n'y a rien de si trompeur que la mine des gens.

Lisette. – Il est vrai que la vôtre m'a trompée ; et voilà comme on a souvent tort de se prévenir en faveur de quelqu'un.

Arlequin. – Oh ! très tort ; mais que voulez-vous ? je n'ai pas choisi ma physionomie.

Lisette, *en le regardant, comme étonnée*. – Non, je n'en saurais revenir quand je vous regarde.

Arlequin. – Me voilà pourtant ; et il n'y a point de remède, je serai toujours comme cela.

Lisette, *d'un air fâché*. – Oh ! j'en suis persuadée.

Arlequin. – Par bonheur, vous ne vous en souciez guère ?

Lisette. – Pourquoi me demandez-vous cela ?

Arlequin. – Eh ! pour le savoir.

Lisette, *d'un air naturel*. – Je serais bien sotte de vous dire la vérité là-dessus, et une fille doit se taire.

Arlequin, *à part les premiers mots*. – Comme elle y va ! Tenez, dans le fond, c'est dommage que vous soyez une si grande coquette.

Lisette. – Moi ?

Arlequin. – Vous-même.

Lisette. – Savez-vous bien qu'on n'a jamais dit pareille chose à une femme, et que vous m'insultez ?

Arlequin, *d'un air naïf*. – Point du tout ; il n'y a point de mal à voir ce que les gens nous montrent. Ce n'est point moi qui ai tort de vous trouver coquette ; c'est vous qui avez tort de l'être, Mademoiselle.

Lisette, *d'un air un peu vif*. – Mais par où voyez-vous donc que je la suis ?

Arlequin. – Parce qu'il y a une heure que vous me dites des douceurs, et que vous prenez le tour pour me dire que vous m'aimez. Écoutez, si vous m'aimez tout de bon, retirez-vous vite, afin que cela s'en aille ; car je suis pris, et naturellement je ne veux pas qu'une fille me fasse l'amour la première ; c'est moi qui veux commencer à le faire à la fille, cela est bien meilleur. Et si vous ne m'aimez pas… eh ! fi ! Mademoiselle, fi ! fi !

Lisette. – Allez, allez, vous n'êtes qu'un visionnaire.

Arlequin. – Comment est-ce que les garçons, à la Cour, peuvent souffrir ces manières-là dans leurs maîtresses ? Par la morbleu ! Qu'une femme est laide quand elle est coquette !

Lisette. – Mais, mon pauvre garçon, vous extravaguez.

Arlequin. – Vous parlez de Silvia : c'est cela qui est aimable ! Si je vous contais notre amour, vous tomberiez dans l'admiration de sa modestie. Les premiers jours, il fallait voir comme elle se reculait d'auprès de moi ; et puis elle reculait plus doucement ; et puis, petit à petit, elle ne reculait plus ; ensuite elle me regardait en cachette ; et puis elle avait honte quand je l'avais vue faire, et puis moi j'avais un plaisir de roi à voir sa honte ; ensuite j'attrapais sa main, qu'elle me laissait prendre ; et puis elle était encore toute confuse ; et puis je lui parlais ; ensuite elle ne me répondait rien, mais n'en pensait pas moins ; ensuite elle me donnait des regards pour des paroles, et puis des paroles qu'elle laissait aller sans y songer, parce que son cœur allait plus vite qu'elle ; enfin, c'était un charme ; aussi j'étais comme fou. Et voilà ce qui s'appelle une fille ! Mais vous ne ressemblez point à Silvia.

Lisette. – En vérité, vous me divertissez, vous me faites rire.

Arlequin. – Oh ! pour moi, je m'ennuie de vous faire rire à vos dépens. Adieu ; si tout le monde était comme moi, vous trouveriez plus tôt un merle blanc qu'un amoureux.

Marivaux, *La Double Inconstance* (1723), acte I, scène 6.

• Rythme, cadence et tempo

Une scène « où il ne se passe rien » en apparence peut néanmoins présenter une grande efficacité dramatique, comme ici où tout repose sur des jeux avec les mots, les sonorités et les échos, la longueur et la cadence des répliques. Vladimir et Estragon attendent un personnage nommé Godot, mais c'est Pozzo et Lucky qui font leur entrée, l'un dirigeant l'autre au moyen d'une corde attachée à son cou.

Bruit de chute. C'est Lucky qui tombe avec tout son chargement. Vladimir et Estragon le regardent, partagés entre l'envie d'aller à son secours et la peur de se mêler de ce qui ne les regarde pas. Vladimir fait un pas vers Lucky, Estragon le retient par la manche.

Vladimir. – Lâche-moi.

Estragon. – Reste tranquille.

Pozzo. – Attention ! Il est méchant. (*Estragon et Vladimir le regardent.*) Avec les étrangers.

Estragon (*bas*). – C'est lui ?

Vladimir. – Qui ?

Estragon. – Voyons…

Vladimir. – Godot ?

Estragon. – Voilà.

Pozzo. – Je me présente : Pozzo.

Vladimir. – Mais non.

Estragon. – Il a dit Godot.

Vladimir. – Mais non.

Estragon (*à Pozzo*). – Vous n'êtes pas monsieur Godot, monsieur ?

Pozzo (*d'une voix terrible*). – Je suis Pozzo ! (*Silence.*) Ce nom ne vous dit rien ? (*Silence.*) Je vous demande si ce nom ne vous dit rien ?

Vladimir et Estragon s'interrogent du regard.

Estragon (*faisant semblant de chercher*). – Bozzo… Bozzo…

Vladimir (*de même*). – Pozzo…

Pozzo. – Pppozzo !

Estragon. – Ah ! Pozzo… voyons… Pozzo…

Vladimir. – C'est Pozzo ou Bozzo ?

Estragon. – Pozzo… non, je ne vois pas.

Vladimir *(conciliant)*. – J'ai connu une famille Gozzo. La mère brodait au tambour.

Pozzo avance, menaçant.

Estragon *(vivement)*. – Nous ne sommes pas d'ici, monsieur.

Pozzo *(s'arrêtant)*. – Vous êtes bien des êtres humains cependant. *(Il met ses lunettes.)* À ce que je vois. *(Il enlève ses lunettes.)* De la même espèce que moi. *(Il éclate d'un rire énorme.)* De la même espèce que Pozzo ! D'origine divine !

Vladimir. – C'est-à-dire…

Pozzo *(tranchant)*. – Qui est Godot ?

Estragon. – Godot ?

Pozzo. – Vous m'avez pris pour Godot.

Vladimir. – Oh non, monsieur, pas un seul instant, monsieur.

Pozzo. – Qui est-ce ?

Vladimir. – Eh bien, c'est un… c'est une connaissance.

Estragon. – Mais non, voyons, on le connaît à peine.

Vladimir. – Évidemment… on ne le connaît pas très bien… mais tout de même…

Estragon. – Pour ma part je ne le reconnaîtrais même pas.

Pozzo. – Vous m'avez pris pour lui.

Estragon. – C'est-à-dire… l'obscurité… la fatigue… la faiblesse… l'attente… j'avoue… j'ai cru… un instant…

Vladimir. – Ne l'écoutez pas, monsieur, ne l'écoutez pas !

Pozzo. – L'attente ? Vous l'attendiez donc ?

Vladimir. – C'est-à-dire…

Pozzo. – Ici ? Sur mes terres ?

Vladimir. – On ne pensait pas à mal.

Estragon. – C'était dans une bonne intention.

Pozzo. – La route est à tout le monde.

Vladimir. – C'est ce qu'on se disait.

Pozzo. – C'est une honte, mais c'est ainsi.

Estragon. – On n'y peut rien.

Pozzo *(d'un geste large)*. – Ne parlons plus de ça.

Samuel Beckett, *En attendant Godot* (1953), acte premier.

Un parcours cahoteux

Un but avoué : entrer dans la maison de Molière

Les critiques, on l'a vu, se montrèrent plus réservés que le public lors de la création de la pièce au théâtre du Gymnase en septembre 1860. Mais Labiche avait confiance dans les qualités de sa pièce puisqu'il invita Thierry, l'administrateur de la Comédie-Française, à assister à la première, en lui avouant dans sa lettre : « Je m'essaie en vue du Théâtre-Français. Vous me direz si je suis dans le ton. Votre grande maison m'effraie. » Il est question dès 1873 que la pièce entre au répertoire, mais les atermoiements de Perrin, l'administrateur suivant, font que la pièce ne sera représentée qu'en 1906 à la Comédie-Française, 46 ans après sa création. Labiche écrit tristement à Perrin en 1876 : « La Comédie-Française a le droit d'avoir des caprices. Je suis très fier d'avoir pu lui en inspirer un, même platonique. »

Mais 46 ans, c'est long et, en 1906, Adolphe Brisson, critique aussi incontournable que l'avait été Francisque Sarcey (voir page 38), note dans le journal *Le Temps* que la pièce a été introduite « discrètement » au répertoire et que l'auditoire se compose « de collégiens, de jeunes filles, accompagnés de leurs parents, et venus là dans le ferme dessein de s'amuser et de trouver le spectacle délicieux ». Coquelin Cadet qui joue Perrichon a beau être désopilant, l'auditoire, dit Brisson, a trouvé la pièce « bien mince, bien pauvrette, bien simplette ». Bref, le courant ne passe plus, le bourgeois second Empire n'est plus qu'un souvenir historique, sans avoir assez vieilli pour être devenu une de ces figures éternelles de la typologie humaine que sont chez Molière ou Beaumarchais le misanthrope, l'avare ou le barbon. Le décor et les costumes modernes n'y font rien.

Oubli et résurrection

Dans cette désaffection tombe d'ailleurs tout le théâtre bourgeois du XIXe siècle. Bien sûr, on joue encore *Perrichon* à la Comédie-Française (1912, 1922, 1929), mais la mode est aux vaudevilles plus « osés » (Feydeau) et le gentil Labiche est tout juste bon pour les fêtes de patronage. Il faut attendre 1928 et le cinéaste René Clair pour qu'un regain d'intérêt se manifeste. Puis Jean Tarride réalise en 1934 un film parlant inspiré de *Perrichon* et surtout, en 1937, André Barsacq et sa Compagnie des Quatre-Saisons montent *Perrichon* à New York.

Mais c'est l'après-guerre qui marque la véritable réhabilitation de Labiche. Le livre du surréaliste Philippe Soupault (1897-1990), écrit en 1945, y aide beaucoup (voir page 228). L'année suivante, *Perrichon* est de nouveau à l'affiche du Français dans une mise en scène de Jean Meyer. En 1947, c'est au tour de la province de l'adopter (Comédie de Saint-Étienne, Jean Dasté). Le succès gagne la radio, où Gilbert Sigaux (voir page 229) consacre en 1963 une série d'émissions au théâtre de Labiche. L'acteur-humoriste Pierre Dac en personne joue Monsieur Perrichon la même année au Théâtre de l'Île-de-France.

Arrêtons-nous sur deux mises en scène de la Comédie-Française : en 1966, année de la parution de l'édition Sigaux du *Théâtre complet*, c'est Louis Seigner – il reste pour beaucoup l'inoubliable interprète de Monsieur Jourdain – qui incarne le carrossier dans une mise en scène de Jacques Charron. Jean Le Poulain reprend en 1982 le double flambeau d'acteur et de metteur en scène ; les moyens ne lui sont pas comptés, et un véritable petit train traverse la scène à la fin de l'acte I, preuve que la pièce est incontestablement devenue un classique (elle dépasse les 500 représentations à la Comédie-Française).

Selon les directions, on fait de *Perrichon* un vaudeville ou une comédie ; mais nul depuis longtemps ne se soucie plus de moderniser la pièce, qui continue à inspirer des mises en scènes intéressantes, comme celle de Pierre Louis en 1994 au festival des Nuits de Joux, qui tient compte de la dimension pascalienne de Perrichon et se veut une réflexion sur « les deux infinis » ; malgré la tentation d'un « tête à tête avec le mont Blanc », Perrichon finit par en revenir à son postulat du début : « Que l'homme est petit quand on le contemple du haut de la *mère* de Glace ! » Sage leçon du siècle dernier, dont notre siècle trop sûr de lui ferait bien de s'inspirer, avant que la mer de Glace n'ait définitivement disparu...

Jugements critiques

« Entomologiste » féroce ou amuseur indulgent ?

Tous les commentateurs se sont posé la question : comment peut-on, quand on est comme Labiche un bourgeois qui n'a jamais connu de problèmes matériels, tourner constamment la bourgeoisie en ridicule ? Son théâtre est-il une satire (voir p. 237) sans complaisance, ou un divertissement sans conséquence ?

« J'ai souvent constaté que, dans la fantaisie, l'audace pouvait aller très loin au théâtre. Du moment où il est bien convenu entre l'auteur et le public qu'on plaisante, qu'il n'y a rien de vrai dans l'aventure, il est permis de tout dire. M. Labiche a excellé dans ce tour fantaisiste donné aux vérités les plus déplaisantes. Son comique est fait des vérités cruelles de la vie, regardées sous leur côté caricatural et mises en œuvre par un esprit sans amertume, qui reste volontairement à la surface des choses. »

Émile Zola, *Nos auteurs dramatiques*, 1881.

Labiche s'est assez bien reconnu dans ce portrait, dont il a su gré à Zola, d'un observateur amusé et indulgent. Mais Philippe Soupault en 1945 gomme le Labiche amuseur pour ne voir en lui qu'un observateur sans pitié, la fantaisie n'étant là que pour masquer ce que l'observation a de cruel.

« Après le thème du mariage, le thème du duel est un des préférés de Labiche. Et à ces occasions, le bourgeois agit toujours de la même façon. Le duel de M. Perrichon, le duel de *29 Degrés à l'ombre* sont les plus connus. Ce sont d'excellents exemples, on parle de l'honneur mais on s'arrange, on triche pour ne pas risquer sa peau. [...]

Nous n'ignorons pas que celui qu'on fait vivre devant nous est un "échantillon", que Perrichon, Célimare, Dutrécy sont les frères et les semblables de tous ces bourgeois retirés dans leurs appartements. [...] Le théâtre de Labiche, dépouillé de son atmosphère comique, est une peinture de la société bourgeoise, peinture d'une exactitude et d'une puissance qui sont, même pour un lecteur non prévenu, étonnantes. [...] On n'a pas voulu ou on n'a pas su donner à Labiche sa véritable place. Lui-même a fait tout ce qu'il a pu pour donner le change. »

> Philippe Soupault, *Eugène Labiche, sa vie, son œuvre*,
> Mercure de France, 1945 (éd. remise à jour en 1964).

Le dramaturge (voir p. 234) Jean Anouilh (1910-1987) reprend avec davantage de nuances cette idée d'un Labiche impitoyable, presque malgré lui, dans l'observation.

« Ce petit-bourgeois a été le fournisseur et l'amuseur reconnu, patenté, honoré, décoré, des bourgeois du second Empire et Dieu sait si c'est une époque où, sous le règne du plaisir facile et de l'argent, la France a volé bas.

« Il a été, je le crains, par bien des côtés, leur frère. [...]

« Et pourtant, [...] comment se fait-il que nous sortions de la lecture de ce théâtre [...] qu'on avait cru de patronage, éblouis, médusés, avec le sentiment d'avoir entraperçu la fresque la plus dure, la plus impitoyable sur les mœurs de l'insecte le plus redoutable et le plus sordide de la galerie des insectes : l'insecte petit-bourgeois-roi ? »

> Jean Anouilh, préface au tome V des *Œuvres complètes
> de Labiche*, édition établie et annotée par G. Sigaux,
> Club de l'honnête homme, 1966-1968, D.R.

Gilbert Sigaux, lui, pense que l'on peut être un « entomologiste » sans pour autant juger.

« [Labiche] est à certains égards son propre modèle. Mais il est intelligent et il crée : son art le sauve d'être Perrichon ou Célimare.

Il aurait pu leur ressembler et c'est pourquoi il les comprend si bien, et réussit leurs portraits qui sont comme éclairés de l'intérieur. Portraits impitoyables, mais portraits : le peintre ne juge pas. Labiche est moraliste malgré lui si l'on peut dire, sans proférer de sentences, sans conclure. C'est le lecteur qui tire les conclusions. [...] Le lecteur plus que le spectateur ? Labiche déchaîne le rire pour désarmer le spectateur son contemporain, qui sans cela pourrait se reconnaître, et peut-être se fâcher. Labiche ne laisse pas le temps au bourgeois de se dire : "Mais c'est moi !" »

Gilbert Sigaux, préface au *Théâtre de Labiche* (tome I),
Flammarion, coll. « G. F. », 1979.

Voici pourquoi Labiche n'a pas poussé la satire jusqu'au bout.

« Fasciné et terrorisé par l'image d'une catastrophe [l'abandon du public] qui serait réussite totale [de la satire], sans cesse obligé de trouver de nouvelles entraves à sa propre liberté, Labiche est à l'image de ce bourgeois qui à la fois se veut tout-puissant et redoute l'aventure indispensable à l'extension de son pouvoir. »
Jacqueline Autrusseau, *Labiche et son théâtre*, l'Arche, 1971.

Le bourgeois, anti-héros mythique et comique

Henry Gidel, spécialiste du vaudeville et du théâtre de Feydeau, pense que Soupault n'a pas compris Labiche.

« Doit-on [...] faire de Labiche un peintre fidèle de la "bourgeoisie" du second Empire, ainsi que le répètent à l'envi la plupart de ses commentateurs, à la suite de Philippe Soupault ? Il s'agit là, selon nous, d'un contresens total. Certes, l'auteur a lui-même déclaré qu'il s'était attaché à peindre le "bourgeois" : mais on n'a pas vu que ce "bourgeois" n'était nullement défini par son appartenance à un groupe social déterminé. En fait, c'était le bourgeois au sens romantique du terme, c'est-à-dire l'individu conformiste, terre à terre, fermé aux arts comme aux lettres, exclusivement attaché aux biens matériels, par opposition non pas au prolétaire ou au noble, mais à l'"artiste". [...] Dans cette acception du terme, le bourgeois est devenu une sorte de mythe bouffon [...]. C'est ce personnage-là que, fort habilement, Labiche a transposé sur scène, non pour railler une classe sociale [...] mais pour des raisons d'esthétique théâtrale : l'auteur tenait là un personnage à la fois artificiel et vrai qui lui permettait d'obtenir le maximum d'effets comiques, mais qui n'entretenait avec la réalité sociologique que des rapports très indirects.

« Cet anti-héros de Labiche [...] accumule tous les défauts : égoïste, avare, mesquin, sentencieux ("Adieu, France, reine des nations !", s'écrie M. Perrichon), il est également ingrat, vaniteux, poltron et surtout d'une rare stupidité. Labiche a su ériger, grâce à lui, une vaste épopée comique de la Bêtise solennelle dont on chercherait en vain l'exemple ailleurs. »

Henry Gidel, *Le Vaudeville*, PUF,
coll. « Que sais-je », 1986.

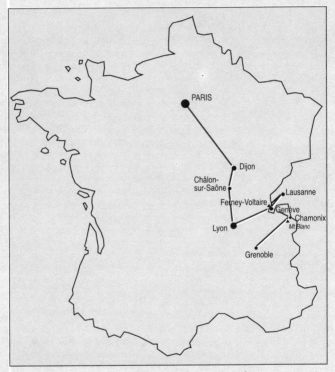

Carte du « voyage » de Monsieur Perrichon.

Compléments notionnels

Acte *(nom masc.)*
Une des grandes parties d'une pièce. Chaque acte de *Perrichon* se déroule dans un décor différent.

Action *(nom fém.)*
Suite des événements montrés au spectateur (ou au lecteur) de la pièce.

Aparté *(nom masc.)*
Ce que dit un personnage* à part soi, et que seul le spectateur est censé entendre.

Burlesque
1. *(adj. qual.)* d'un comique* extravagant ; 2. *(nom masc.)* genre littéraire visant à la parodie* et traitant en style bas, vulgaire, de sujets et de personnages héroïques.

Cantonade *(nom fém.)*
Coulisses, endroit d'où se font les entrées en scène. *Parler à la cantonade*, s'adresser à un ou plusieurs personnages invisibles des spectateurs et censés se trouver dans les coulisses.

Champ lexical *(nom masc.)*
Ensemble de mots (quelle que soit leur nature) renvoyant à une même notion. Ex. : « douane, payer/acquitter les droits, quelque chose à déclarer, saisir, douanier, gabelou » (acte III, sc. 6) appar-

tiennent au champ lexical de la douane et des frontières.

Comédie *(nom fém.)*
Pièce ridiculisant les travers d'une certaine société ou d'un certain type* de personnage.

Comédien *(nom masc.)*
Personne réelle qui incarne, sur scène, un personnage imaginé par l'auteur de la pièce. À l'origine, le comédien ne jouait que dans des comédies*.

Comique
1. *(adj. qual.)* qui fait rire ; 2. *(nom masc.)* ensemble de procédés destinés à provoquer le rire. On distingue au théâtre quatre formes fondamentales de comique :
– *le comique de mots*, ou *comique verbal*, provient des paroles que l'auteur prête aux personnages (ex. : le cri du cœur de Perrichon : « Vous me devez tout, tout ! Je ne l'oublierai jamais ! », acte II, sc. 10) ;
– *le comique de gestes* provient des gestes et attitudes des personnages (M. Perrichon essayant désespérément de chasser Jean, acte IV, sc. 5) ;
– *le comique de caractères* est lié aux réactions des personnages, qui trahissent leurs défauts (la mauvaise foi de Perrichon à l'acte III, sc. 4) ;

– *le comique de situation* provient de la situation ridicule, compliquée, surprenante, etc. dans laquelle l'auteur a mis les personnages (l'affolement de Perrichon découvrant à l'acte III, sc. 10 que le commandant est un vrai militaire).

À ces quatre formes s'ajoutent :

– *le comique de répétition* qui provient de la reprise de certaines formules, certains gestes ou certaines situations (par exemple, la répétition du nom « Pingley », acte II, sc. 9) ;

– *le comique de l'absurde* qui est lié à l'illogisme d'une réponse ou d'une situation.

Côté cour, côté jardin

Voir « (à) droite, (à) gauche ».

Coup de théâtre

Événement inattendu venant radicalement bouleverser la situation. Exemple : à l'acte IV, l'arrivée du commandant, que l'on croyait en prison, cause l'humiliation de Perrichon et semble détruire définitivement les chances d'Armand.

Créer *(v. transitif)*

Faire représenter une pièce pour la première fois, ou jouer un rôle pour la première fois.

Dénouement *(nom masc.)*

Moment où se dénoue l'intrigue*, où les problèmes se résolvent, où les obstacles sont levés ; le dénouement a lieu dans les dernières scènes d'une pièce.

Didascalie *(nom fém.)*

Indication, donnée par l'auteur et intégrée dans le texte de la pièce, concernant l'aspect d'un décor, la gestuelle, l'intonation à donner à une réplique, etc.

Dramatique *(adj. qual.)*

Qui concerne le théâtre.

Dramaturge *(nom masc.)*

Auteur d'une pièce de théâtre.

(à) Droite, (à) gauche *(loc. adv.)*

Respectivement, synonymes de « côté cour », la partie de la scène qui se trouve à droite du spectateur, et de « côté jardin », la partie de la scène qui se trouve à gauche du spectateur. On peut se le rappeler en gardant à l'esprit l'abréviation « J.-C. », où le J est à gauche et le C à droite.

Enchaînement des répliques

Contrairement au langage de la vie, le langage dramatique* ne peut se permettre de silences (sauf s'ils sont utiles pour l'action) ni de ruptures trop marquées dans le dialogue (changements de conversation, « coq-à-l'âne ») ; les répliques* doivent donc s'enchaîner, se succéder d'une manière continue et cohérente.

Exposition *(nom fém.)*

Indications, données à travers les répliques, mettant le spectateur à même de comprendre qui sont les personnages* et quelle est l'intrigue* de la pièce.

Genre *(nom masc.)*
Catégorie d'œuvres de même nature. *Le Voyage de Monsieur Perrichon* appartient au genre dramatique*.

Imbroglio *(nom masc.)*
Situation embrouillée, intrigue confuse (par exemple les différentes manœuvres des personnages pour empêcher le duel à la fin de l'acte III finissent par mettre Perrichon dans une impasse.

Intrigue *(nom fém.)*
Ensemble des problèmes, souvent contradictoires, qui se posent aux personnages. Quand ces problèmes sont résolus, la pièce arrive à son dénouement*.

Ironie *(nom fém.)*
Moquerie ou critique qui se dissimule sous une impassibilité apparente (absence de sentiment affiché) ou sous une formule qui dit le contraire de ce que l'on pense. Ex. : Daniel dit se préparer à lire « les pensées délicates et ingénieuses des visiteurs », sachant bien qu'elles seront d'une pitoyable banalité (acte II, sc. 2).

Leitmotiv *(nom masc.)*
Phrase, thème ou formule revenant à intervalles réguliers. Les expressions « Il m'a sauvé », « vous êtes notre sauveur », « sauver son semblable » forment dans la pièce un leitmotiv sur le thème de la reconnaissance.

Litote *(nom fém.)*
Figure de style consistant à employer une expression qui atténue la pensée pour suggérer beaucoup plus que ce qui est dit. Ex. : dire « les raccomodements coûtent toujours *quelque chose* à Monsieur » (acte I, sc. 7) pour signifier qu'ils coûtent fort cher au commandant.

Métaphore *(nom fém.)*
Figure de style par laquelle on modifie le sens d'un mot pour lui donner valeur d'image ; le lien comparatif (« comme », « ainsi que ») présent dans les comparaisons est ici implicite. Ex : dans la phrase « mes actions baissent » (acte II, sc. 8), les chances de Daniel auprès de Perrichon sont assimilées à la valeur fluctuante d'un titre boursier. Nous utiliserions aujourd'hui une image semblable en langage familier : « Je n'ai plus la cote. »

Mise en scène *(nom fém.)*
Préparation matérielle, sous la responsabilité du metteur en scène, de la représentation théâtrale (choix des décors, des costumes, organisation des déplacements, manière de « comprendre » les personnages en insistant sur tel aspect de leur personnalité, etc.).

Monologue *(nom masc.)*
Scène ou partie de la scène où un personnage s'adresse un discours

à lui-même. Ex. : les scènes 11 et 12 de l'acte III.

Nœud (nom masc.)
Moment de la pièce où l'intrigue* est la plus compliquée, l'action atteignant son paroxysme (intensité maximale) avant le dénouement*.

Parodie (nom fém.)
Imitation comique du contenu ou du style (dans ce dernier cas, on parle de « pastiche ») d'une œuvre, d'une formule célèbre. Ex. : à la scène 8 de l'acte IV, Daniel s'exclame « Du haut du Montanvert ma crevasse me protège » (voir note 1 page 178).

Péjoratif, -tive (adj. qual.)
Se dit d'un mot qui dénigre, qui déprécie. Ex. : le nom « gabelou », employé à la place de « douanier » (acte III, sc. 5).

Personnage (nom masc.)
Être imaginaire intervenant dans la pièce et dont le rôle doit être interprêté par une personne réelle, le comédien*.

Pièce bien faite
Pièce où l'enchaînement des péripéties et l'écriture se combinent efficacement et permettent d'obtenir un spectacle au rythme soutenu. L'expression date du XIXe siècle et concerne surtout le vaudeville.

Plateau (nom masc.)
Plancher de la scène sur laquelle jouent les acteurs et, par extension, la scène elle-même, avec son décor et ses accessoires.

Quiproquo (nom masc.)
Malentendu sur le sens d'une phrase, la nature d'une situation, l'identité d'un personnage. Ex. : Perrichon est persuadé d'avoir affaire à un « faux commandant » à la scène 8 de l'acte III.

Rampe (nom fém.)
Rebord portant une partie de l'éclairage de la scène et séparant celle-ci des spectateurs ; on « descend » quand on s'y dirige, et on « remonte » vers les coulisses.

Rebondissement (nom masc.)
Événement imprévu venant relancer l'action en empêchant le dénouement de se réaliser. Ex. : le « sauvetage » de Daniel par Perrichon compromet les chances d'Armand d'obtenir la main d'Henriette.

Redescendre (v. intr.)
Voir « rampe ».

Règle des trois unités
Principe du théâtre classique (du XVIIe siècle) selon lequel une pièce doit comporter un seul sujet (unité d'action), se dérouler dans un lieu unique (unité de lieu) et ne pas excéder vingt-quatre heures (unité de temps).

Remonter (v. intr.)
Voir «rampe».

Réplique *(nom fém.)*
Partie du dialogue formant un tout, prononcée par un personnage, en principe lorsque la réplique précédente est terminée. Une réplique interrompue se termine par des points de suspension. Quand un acteur ne peut «donner la réplique», ou quand les répliques s'enchaînent mal du fait de l'auteur, les spectateurs s'aperçoivent généralement qu'il y a un « trou ».

Rôle *(nom masc.)*
Tout ce que dit et fait un personnage, que l'acteur prend en charge en faisant abstraction de sa propre personnalité.

Satire *(nom fém.)*
Écrit qui tourne en ridicule, pour les dénoncer, le comportement d'un personnage, une situation et, plus spécialement, les mœurs publiques d'une époque.

Scène *(nom fém.)*
1. partie d'un acte* ; il y a changement de scène dès qu'entre ou sort du plateau au moins un personnage ; 2. endroit où se produisent les acteurs.

Tableau *(nom masc.)*
1. partie d'un acte marquée par un changement de décor ; 2. le changement de décor lui-même. Dans *Le Voyage de Monsieur Perrichon*, il y a autant de tableaux que d'actes.

Tirade *(nom fém.)*
Longue réplique*.

Toile de fond *(nom fém.)*
Partie du décor, représentant souvent un paysage, que l'on voit à travers une ou des ouvertures pratiquées dans le mur du décor opposé à la rampe*.

Type *(nom masc.)*
1. modèle imaginaire d'une sorte d'individus, à qui l'on prête toujours les mêmes traits, les mêmes caractères. Ex. : le bourgeois en littérature, représenté par M. Prudhomme ou M. Perrichon ; en ce sens, on parle aussi d'« archétype » ; 2. personnage représentant parfaitement une catégorie d'êtres : Harpagon (personnage de Molière) est le type de l'avare.

Vaudeville *(nom masc.)*
Pièce de théâtre comique, parfois entrecoupée de parties chantées, dont l'action est rapide et où les personnages passent leur temps à éviter une catastrophe (conséquence d'une révélation, d'une rencontre embarrassante, d'un quiproquo, etc.).

Éditions

• E. LABICHE, *Théâtre,* édition présentée et établie par Jacques Robichez, 2 volumes, Robert Laffont, coll. « Bouquins », 1991 (42 pièces). C'est le texte établi par Jacques Robichez qui est reproduit ici.

• E. LABICHE, *Œuvres complètes,* édition établie par Gilbert Sigaux, 8 volumes, Club de l'honnête homme, 1966-1968 (seule édition quasi complète ; comprend 164 pièces, le roman *La Clé des champs,* des lettres, discours, proclamations de Labiche et des extraits de son carnet de voyage de 1834 ; *Perrichon* se trouve dans le tome V).

Eugène Labiche
et *Le Voyage de Monsieur Perrichon*

• J. AUTRUSSEAU, *Labiche et son théâtre,* L'Arche, 1971 (une trame chronologique pour un essai brillant se référant souvent aux textes).

• A. BARSACQ, Eugène Labiche, *Le Voyage de Monsieur Perrichon,* Le Seuil, 1954, coll. « Mises en scène » (Présentation et notes d'André Barsacq en vue de sa mise en scène de la pièce en 1937).

• S. CHEVALLEY, *Labiche,* Comédie-Française, 1966 (conservatrice de la bibliothèque musée de la Comédie-Française, Sylvie Chevalley réunissait dans cette monographie plusieurs articles d'auteurs différents ; est abordée en particulier la question des rapports entre Labiche et la Comédie-Française).

• J. GILARDEAU, « De Scribe à Labiche », in *Théâtres du XIXe siècle*, Organon 82, université de Lyon II, 1982 (résumé de la thèse de doctorat du même auteur : *Eugène Labiche, histoire d'une synthèse comique inespérée,* texte dactylographié, Paris Sorbonne, 1970).

• E. HAYMANN, *Labiche ou l'Esprit du second Empire,* Olivier Orban, 1988 (contient le texte d'une pièce inédite : *Le roi le veut*).

• P. SOUPAULT, *Eugène Labiche, sa vie, son œuvre,* 1945 ; nouvelle édition mise à jour, Mercure de France, 1964 (une redécouverte de Labiche ; un thème obsessionnel : Labiche et la bourgeoisie).

• É. ZOLA, *Nos auteurs dramatiques,* chapitre « Eugène Labiche » (reprise d'un article du *Bien public,* 1878), rééd. par le Cercle du Livre précieux, 1968, tome XI.

Le théâtre, son langage, son histoire ; le comique

• H. BERGSON, *Le Rire,* 1900, rééd. PUF, 1989 (ouvrage fondamental, toujours d'actualité, nombreuses références à Labiche).

• P. BERTHIER, *Le Théâtre au XIXe siècle,* PUF, 1986, coll. « Que sais-je » (synthèse sur les différents genres dramatiques au XIXe siècle ; voir le chapitre intitulé « Les structures et les hommes »).

• H. GIDEL, *Le Vaudeville,* PUF, 1986, coll. « Que sais-je » (ouvrage complet qui retrace toute l'histoire du genre).

• P. LARTHOMAS, *Le Langage dramatique,* PUF, 1980 (étude qui fait autorité sur la nature et les procédés stylistiques du langage au théâtre).

• P. LARTHOMAS, *Technique du théâtre,* PUF, 1985, coll. « Que sais-je » (pour mieux comprendre les conditions matérielles de la représentation théâtrale).

• A. UBERSFELD, *Lire le théâtre,* Éditions sociales, édition augmentée en 1993 (la spécificité du texte de théâtre, ses rapports avec le personnage, l'espace scénique, le temps ; le discours théâtral ; un ouvrage désormais classique qui bouleverse les habitudes de la critique scolaire et universitaire ; des développements lumineux mais quelques pages moins faciles d'accès).

L'arrière-plan historique

• M. ALLEM, *La Vie quotidienne sous le second Empire*, Hachette, 1948.

• R. PERNOUD, *Histoire de la bourgeoisie*, 1962, réédité par Le Seuil, coll. « Points », 1982 (le tome 2 concerne la période qui s'étend du XVIIᵉ au début du XXᵉ siècle).

• A. PLESSIS, *De la fête impériale au mur des fédérés, 1852-1871* (*Nouvelle histoire de la France contemporaine*, vol. 9), Le Seuil, coll. « Points », 1979.

CRÉDIT PHOTO : p. 7 Ph.© J.L Charmet/T • p. 19 Ph.© J. L.Charmet/T • p. 40 Et reprise page 8 : Coll. Archives Larbor/T • p. 47 Ph. © Bernand/T • p. 64 Ph. © Bernand/T • p. 81 Coll. Archives Larbor • p. 88 Ph. © Roger Viollet/T • p. 91 Ph. © Bernand/T • p. 116 Ph. © Bernand/T • p. 120 Ph. © Bernand/T • p. 141 Ph. © Bernand/T • p. 166 Ph. © Bernand/T • p. 182 Ph. © Harlingue-Viollet/T • p. 203 Ph. © Bulloz/T

Direction de la collection : Chantal LAMBRECHTS.
Direction artistique : Emmanuelle BRAINE-BONNAIRE.
Responsable de fabrication : Jean-Philippe DORE.

Compogravure : P.P.C. – N° de projet 10109041–dépôt légal 1ere édition : avril 1999
Imprimé en France par MAME Imprimeurs N° 03102012 – octobre 2003.